För Gelchen

Ralf Spreckels wurde im Mai 1946 im kleinen Dörfchen Schönhorst geboren, wo er heute wieder lebt. Dort hat er schon als Kind die plattdeutsche Sprache aufgesogen. Mit 16 wollte er Kapitän werden und heuerte auf einem Bananendampfer an. Bald war aber erstmal „daddeldu" mit der christlichen Seefahrt und nach Lehr- und Studienzeiten leitete er viele Jahre die Büro-Organisation einer Versicherung. Das Fernweh ist geblieben und wurde nicht nur durch gelegentliches Anheuern auf Frachtschiffen befriedigt. Auch Fahrradreisen gemeinsam mit seiner Frau, tragen mit dazu bei. Er ist zweifacher Vater und Opa von drei Enkelkindern. Plattdeutsch sieht er als eine unschlagbar aussagekräftige Sprache, mit der man ganz nah bei den Menschen ist. Seine Geschichten sind nicht frei erfunden. Darum sind Ähnlichkeiten mit lebenden oder schon verstorbenen Personen auch nicht zufällig. Ob sie trotzdem wahr sind, das mag jeder für sich selbst entscheiden.

Ralf Spreckels

Allens löppt...

Geschichten
ton Smüüstern un Gruveln

Quickborn-Verlag

Die plattdeutsche Schreibweise des Autors
ist unverändert übernommen worden.

ISBN 978-3-87651-500-7

Umschlagfoto und Umschlaggestaltung: Günter Pump, Nordhastedt
Gesamtherstellung: CPI books GmbH, Leck
Der Umwelt zuliebe
auf chlorfrei gebleichtem Papier gedruckt
Printed in Germany

Inhalt

Vun Tohuus un rundrüm

Wunschlos glücklich

Letzt `n olen Fründ vun fröher drapen. Lang nich sehn. „Un sünst so?“ fröög ik em. Un he sä: „Bi mi is allens kloor, mit mien Job tofreden, schöne Wahnung, ik bruuk nix mehr, un ik will ok nix mehr. Du, ik bün wunschlos glücklich!“ „Minsch“, heff ik seggt, dat höört man jo geern.“ Un he fröög: „Un bi di?“ „Bi mi? Jo, ok so!“ Denn hebbt wi noch so`n beten smalltalkt. Nich besünners deepsinnig, nee, wat man even so snackt un sünd beid wiedergahn. Aver later müss ik över düt Drepen doch noch mal nadenken. Wat hett he seggt? Wunschlos glücklich? Un wat heff ik antert? „Bi mi ok so.“

Nee, nee, dat is doch Blöödsinn, dat kann doch so nich stimmen. Dat wörr jo bedüden, dat een nienich un mit gor nix mehr untofreden is. Tofredenheit op de ganze Linie. Wunschlos glücklich! Dat is doch trurig. Glück, dat wunschlos is, dat is doch keen Glück mehr. Een kümmt doch blots vöran, wenn een `n lütt beten untofreden blifft, womit ok ümmer – un

dat een andrifft. Wenn en Minsch sülm nix mehr will, wunschlos is, nix niees op`n Plaan hett, dat Wennte em langt.
Kann dat Glück sien? Jo, uns belanglose smalltalk
dor op de Straat, de hett wat in Gang sett. Ik heff dor lang över nadacht, mit wat ik untofreden bün un worüm? Een Schreed wieder bün ik al kamen, heff niee Telen sett un mi vörnahmen, wat ik noch ümsetten will. Jo, ik heff beslaten, ik will nich wunschlos glücklich sien! Ik glööv, sünst wörrn wi Minschen – so as vör mehr as 20.000 Johren - ümmer noch nakelt in düster un kole Eerlöcker husen un uns so`n Mammutsteak oder `n Wollnashorn-Braden mit de schietigen Fingers twischen de halvvergammelten Tähnstummels schuven. Of dat op Duur wunschlos glücklich maakt? Bün ik nich vun övertüügt!

Ik seh wat, wat du nich sühst

„Ik seh wat, wat du nich sühst“. - Nee, meent is nich dat Feernsehen. Dat Speel is ut de Tiet as de Minschen noch nich dat halve Leven vör`t Kiekschapp seten. Geiht üm dat Raden vun jichtenswat, dat en Mitspeler sik utsöcht un in`t Oog faat hett.
Ik seh wat, wat du nich sühst un dat is – to`n Bispill - rund un dörchsichtig. Un denn güng dat Raden los. Bit een op de leddige Hostensaftbuddel keem.
Oder eenfach: Ik seh wat, wat du nich sühst, un dat is gröön. Un denn weer dat nich de Geranie op de Fensterbank, nee, de Ratzefummel op Vadders Schrievdisch.
Raden kunn ik as lütte Buttjer goot. Allens akkerat afscannen. Un snell rutfinnen, wat meent is.
As mien Fru un ik dor letzt över snacken dään dor sä se, dat se sik dat vun mi gor nich recht vörstellen kann. Un hett mi `n poor Bispelen geven: „Vun wegen, du sühst wat! Gor nix sühst du“, rööp se. „Wat is denn, wenn ik de leddigen Waterbuddeln vör de Trepp stell? De

in Keller bröcht warrn schüllt. Sühst du de? Nee, du stiggst dor över weg. Sühst du, wenn dien grote Papierkorv bit babenhen full is? Nix, oder? Wenn ik em in de Tünn utleert heff un leddig vör dien Arbeidsstuuv afstell. Kriggst du dat mit? Na? Ik krieg toveel, wenn ik seh, dat du dor ok noch röver klatterst. Oder jeden Morgen, wenn wi de Zeitung dörch hebbt, legg ik se in Floor to`n Rutbringen. Jeden Morgen laatscht du dor rop un sühst nix. IK seh, wat Du nich sühst! Jeden Dag!

Ik mutt gestahn, dat schöne ole Speel ut de Kinnertiet hett för mi nu `n anner Bedüden kregen. Aver – nützt nix, dormit mutt ik wull leven!

Mallöör mit de Drachtbänner

Wat ik vertellen will, will ik ju nich eenfach so batz vörn Latz knallen. Ik fang mal vörsichtig an.

Wenn ik in`t un üm`t Huus, in Goorn, bi Navers oder anner Lüüd mal wat hölpen oder heel maken schall: Rasenmeihen, mal en Lock op de Goornlööv afdichten usw. Weetst wat ik toeerst do? Ümmer! Ik treck mi anner Tüüch an.

Nee, keen Blaumann, keen Kittel, kene olen Plünnen. Nee, ik treck mi miene Latzbüx an. De is nich blots praktisch mit de velen Taschen, nee, dormit seh ik ut as`n Profi-Handwarker.

Un dat maakt jo wat her. Alleen de Öös to`n Hammerrinhängen un de Tollstocktasch suggereert: Nu kümmt ener, de Maat nimmt, sik utkennt un `n Slag rinhauen kann. So`ne Büx hett sotoseggen vun alleen al positivet Immitsch.

Mien Fru lästert twoors: „Wenn du so dull swarmst, duert nich lang, bit du `n Hoor in de Supp finnst.“ Wat `n Blöödsinn!

Okay, ik bün `n kritische Geist. Aver na`n Hoor söök ik nich. Liekers, ik heff en Makel an so`ne Latzbüx funnen. An de Büx achtern fastneiht sünd de Drachtbänner, de Büxendräger. Vörn vör de Bost sitt de twee Snapper to`n Drachtbänner-To- un Opmaken. Wenn du bi de Arbeid nu gau mal op Tante Meier musst, steihst du jo eerstmal mit`n Achtersten vör`t Klo. De twee Snapper vörn an de Büx opklicken un de nu frieen Drachtbänner suust na ünnen weg. Ja un wohen? Ja, wohen wull?

Platsch, fallt se in de WC-Schöttel achter di. Un dat is doch würklich de verkehrte Adress, oder?

Kiek, un so`n Drachtbänner-Mallöör wull ik ju nich to`n Anfang glieks so batz vörn Latz knallen.

Sülvst is de Mann

„Dat haut mi jo nu ut de Tüffeln“, rööp ik vergretzt, as miene olen Holtpantüffeln, de buten vör de Döör ünner`t Vördack stünnen, weg weern. Nich dat se veel weert weern, nee, aver wi sünd vele Jahr anenanner wennt. Vun wegen: Rut ut de Döör, rinpedden, losgahn. Se weern för`n Goorn ümmer noch goot un beter as billige Plastikslarren vun wat weet ik woher. Eenfach futsch! Un wat nu? Vun dat bequeme Rinrutschen för `n korten Weg üm`t Huus wull ik jo nich so geern aflaten. Aver as ik miene Filzpuuschen för binnen – bi uns Navers ut de Pfalz heet de „Neischlubbschlabbe“ – as ik de ok buten anbeholen heff, güng de Arger los. Mien Schatz glieks: „Du hesst jo wull `n Tüdelüt! Mit de goden Binnen-Pampuuschen buten dörch de Schiet lopen! Un later dormit wedder in`t Huus! Dat löppt nich!“

Ik heff mi wat utdacht! Toeerst müssen - wat sä fröher Tant Helene ut Danzig – `n poor niee „Schlorren“ för binnen her. Un för de olen Stuven-Filzlaatschen heff ik ut Holt Sahlen torechtsaagt, dor ünner kleevt un vun boben annagelt. Nu weern dat mien höltern Pantüffeln för buten. Geniaal, oder? Sogor mien Schatz müss tögerlich togeven, dat ik Ideen heff. Un bi`t Erinnern an Tant Helenes kommodige Ostpreußen-Spraak lacht se: „Ik wett, Helene harr „Errbarrmung“ ropen, wenn se dat noch mitkregen harr. Liekers! Ik freu mi, dat ik noch nich ganz un gor ünnern Tüffel kamen bün. Sülvst is de Mann! Rut ut de Döör, rinpedden, losgahn!

Wokeen is tostännig?

Wokeen is för wat tostännig in ene Ehe? Kiek mal, wenn mien Schatz un ik tofoot `ne Runn dreihen willt – spazeerngahn - ümmer fraagt se: „Wat för`n Weg gaht wi hüüt?“ Ik denn: „Bestimm du dat.“ Se: „Nee, du söchst ut!“ Tja, Striet nich uttoslüten. So! Denn hebbt wi fastleggt, dat ik tokümstig dorför tostännig bün. Un ok för morgens Zeitung rin holen, Füer anböten, Rasen meihen. Beschick ik nu allens. Un dat Transporteren vun de swaren Affalltonnen na uns Port nehm ik mien Schatz ok noch af. Se seggt, för all dat heff ik as starke Mann de gröttere Kompetenz. Recht hett se! Beslüüt ik geern mit! Ward jo seggt, dat bi so`n Besluss sogor dat Sexualhormon Testosteron heemlich bedeligt is. Aver – pff - ik glööv, dat is Tüdelkraam.

Egal! Wi striet nich mehr, de wichtigen Rebeden sünd kloor un denn Rest – hebbt wi uns afsproken – regelt wi vun Fall to Fall.

Woför mien Fru nu tostännig is? Ähh, … och jo! Se kümmert sik üm den Huushoolt, köfft in, sorgt för`t Eten, erledigt den finanziellen

Kraam, kümmert sik üm Besöök, de Göörn, de Enkels, Opa, Kultur, Goorn un, un…jo, dat weer`t al. Wi hebbt dat Gliekgewicht fein utbalanzeert. Veel weniger Stress nu! En lütt Problem is, dat wi bi all den dääglichen Klöterkraam liekers ümmer erst noch entscheden mütt, wokeen tostännig sien schall. Un wat passeert? Een ward dor leed op. „Entscheidungsübermüdung!“ Kiek, un denn slaapt wi dor eerstmal `ne Nacht över. Oder twee, oder ganz vele. Hebbt wi so afmaakt! Löppt egentlich ganz goot!

Ut`n Weg gahn

„Ene Huusfru höört in de Köök“, hett Opa seggt.
„Un will dor ok nich stöört warrn!“
Siet de Tied hett sik wat ännert. Aver ganz so veel denn doch wedder nich. Wenn ik mit mien Schatz wat besnacken will, gah ik dorhen, woans se sik to achtig Perzent ophöllt. In de Köök.
Se höört mi to, arbeid aver wieder. Nu mutt ik aver bi`t Palavern in Bewegung sien, hen un her gahn. Kann ik beter bi denken. Problem is, dat se bi ehr Arbeid jo ok nich op ene Stell steiht. Nee, vun Disch na `n Heerd, vun Heerd an de Spööl, verscheden Saaken ut` Schapp halen, wedder an Disch torüch. Rümflitzen as de Huusfru bi Loriot, de ehrn Hermann dat Rutgahn smackhaft maken will. Un so kaamt wi uns ümmer vör de Fööt. Se: „Wat löppst du mi ümmerto in Weg! Beweeg di doch mal dor, woans ik blots selten hen mutt!“ Kunnen wi uns nich op enigen. Güng ik an`t Finster lang, hett se mi püstert, drück ik mi an Disch vörbi, se glieks so mit`n Handrügg an`t Weddeln. Bedüüd „Weg dor!“

Na, denk ik, dat lött sik organiseern. Ik warr wull rutkriegen of för mi Wegen överblievt. Heff mien Schatz `n poor Daag heemlich beluert un rutfunnen, wölk Strecken se in ehr Köök roor löppt, op wölk Fliesen se nie pett. Allens op`n Zeddel fastholen. As se inköpen weer, heff ik all düsse Footboddenkacheln mit bunte Opklever för mi kenntekent. Wat passeert? Groot Theater. Se: „So`n Dummtüch!“ Ik bün natüürlich bi uns Strieteree blots op „miene“ Kacheln hen un her lopen. Aver se wörr so fuchtig, dat se bestimmt twintig mal överpett is. Tja, wedder mal is `ne grote Idee vun mi verschütt gahn!

Rinfullen

Jungedi! Sowat vun „Rinfullen“ letzt! Ik luer jo ümmer op Sünnschien. Wenn`t sünnig warrn schall, steek ik de düre Sünnbrill in. To`n Arger vun mien Fru. „Opspeleree“! seggt se. Aver ik seh dor so Mega mit ut! „Schatz, wat höllst du vun `n Spazeergang un achterran fein eten. Se: „Okay! Ik bestell ´n Disch.“
Ünnerwegens Brill rut, opsetten! Dat feine Restaurant goot besett. För uns is de Tweeerdisch in de Mitt frie. Sitt wi as op `ne Bühn. Gor nich mal so slecht!
Ik schuuv mien coole Super-Retro-Sünnbrill hooch bit se in de Haar fast sitt. Mien Schatz schüddelt den Kopp, winkt af. Spieskort kieken, töven, Smalltalk. Opmal - se is aver ok ümmer so liekut: „Nimm doch endlich mal de dusselige Brill af. Sühst ut as so`n hoochmödig Partylööw, de sik dickdoon mutt. De Lüüd kiekt al.“ Ik `n beten luter: „Pfff, laat se kieken. Argert sik, dat se sülm nich so`n kostbor Näsenfohrrad hebbt. De Brill blifft woans se sitt!“ Se winkt af.
Uns erste Gang ward anlevert: Hummersupp!

Bevör ik tolang, laat ik mien Ogen noch mal över de annern Gäst gahn. Visenteert se uns?
Nu de Supp ansmecken. Mmmh! Bi`t wedder Röverbögen över den Teller fallt de in de Haar fastklemmte Brill rünner un lannt in de Supp. Platsch! Un dat sprütt! Rundrüm kiekt gottloff kener na uns röver. Oder doch? Weetst wat mien Fru ganz dröög rööp: „Rinfullen!“
Un spöttsch: „Hoochmoot kümmt vör dat Fallen“.
Dat typische Afwinken hett se vör Schreck vergeten.

Niee Töön

De Sünn schient. Kunn ik mal wedder `ne Joggingrunn dreihen. Klamotten her, Loopschoh.

To`n Schohbännersnören mutt man sik jo rünner begen. Un dor güng dat los: Mien Schatz glieks: „Mien Gott, segg mal, woans höörst du di denn an?" „Woso, ik heff nix höört." Se: „Nix höört? Vun wegen. Wat gifftst du för Töön vun di? Du stöhnst nieerdings as harrst du ümmer `n Twee-Zentnersack op`n Rüch." „Ik? Ik stöhn? - Ik stöhn nich!" Se: „Nu pass mal op. Noch mal dat Ganze. Stell di doch bitte wedder graad hen. So! Un nu wedder rünner an de Snöörbänner." Ik bück mi daal. „Oooohh!" Binn de Sliepen, maak mi wedder senkrecht. „Püüühff!" „Sühst wull," lacht se. „Vun wegen nich stöhnen! Ümmer, wenn du di bewegst, wenn du di in Sessel rünnerlöttst, wedder hochkümmst, wat ut` böverste Kökenschapp langst, `n Beerkassen de Trepp daalbringst oder di ok blots mal op`n Puckel kratzt, ümmer geiht dat „Ooohh, puuh, mannoman." Nich to överhören. Liggt dat an`t Öller? Bün ik in`t Gruveln kamen. Stimmt dat womöglich? Ik un Stöhnen? Ik bün doch noch fit!

Dor heff ik mi beluert, versöcht mi sülm totohören. Dat is swaar! Aver as ik mi güstern ut` Auto rutwöltern dä, füll mi dat op. Döör op, Been utswingen, wat to`n Fastholen griepen un pienlich: „Uuuhh, ooohh, mmmenno!“ Un as ik de krumme Garagendöör toschööv: „Pfffh, Uiiijujui!“

Mien Schatz hett jo würklich Recht mit „Niee Tööm!“ Op den Schreck mutt ik mi nu eerst mal daalsetten: Ohhh!

Mit apen Ogen!

Ik weer veerteihn Daag mit Frünnen in de Bargen ünnerwegens. Wannern, Natur geneten, mit apen Ogen Deerten mal wedder richtig wohrnehmen. Vun A bit Z hebbt wi allens sehn: Adlers, de hooch baben segelt, en Heek, de as `n Blitz över `n Seegrund op Büüt ut weer: Snapp! Topacken, rünnersluken! Lüürlütje Miegeemken, bunte Käfers, Bodderlicker. Sogor `n Steenbuck, de jo to de Zegen hööört. Wat noch mit Z? Och so jo, en Zilpzalb in Boom entdeckt. Mien Kumpels: „Du sühst aver ok würklich allens!“
Wedder to Huus. Ik slenner dörch de Wahnung, freu mi. To Huus is ok schöön! So kommodig, so vertrut! Mien Schatz mit `n Begrötungsdrink. Woans stickst du?“ „Hier! Ik kaam!“
Se: „Büst du al in de Wahnstuuv wesst? „Ja! Worüm?“ Se, so`n lütt beten grantig: „Un? Hesst du nix sehn?“ „Nee, wat denn?“ „Gah noch mal rin!“ Ik do dat, kiek rundrüm. Raatlos! „Wat is hier denn? Ik seh nix!“ Se kloppt sik an de Steern. Ik: „Dammi noch mal

to, schall dat hier `n Radelspeel warrn?“ Se: „Nee, Ogen opsparren as in de Natur.“ Nu seh ik dat! Gifft dat doch nich! Mien Schatz hett de Wahnstuuv nie maken laten. Footbodden nie, Tapeten nie, Sofa steiht woanners. Jo, pfff, ok . . . ganz schöön!

Se hett mi later gestahn, dat se `n Bammel harr, ik wörr villicht utflippen un vör Arger rümspringen as en Bi-Ba-Butzemann, de sik op`n Finger haut hett. Wat denkt se vun mi?

Ik hool mi lever an den Heek letzt dor in` See. Nix seggen, veel rünnersluken.

Fröhjohrsmorgen

Vör Dau un Dag loop ik in Goorn,
kann dor dat Fröhjohr spören,
de Winter hett sien Macht verloren:
De Vagels sünd to hören!

De Uul luurt baven in ehr Lock,
pliert mit een Oog mi to,
ok in mien Diek de eerste Pogg,
hett noog vun Winterroh.

En swatte Kater söcht `ne Katt,
un suust as he mi höört,
övern Rasen in dat Kratt.
Ik bün dat, de hier stöört.

Op Bruutsöök geiht nu alle Welt,
dorför is keeneen bang,
un wenn sik bald de Nawass meld,
denn blifft uns Eer in Gang.

So snupper morgens ik Klock Fief,
vun Leev un Fröhjohr so een Ruch,
mien söte Deern, se lockt: kumm bliev,
noch beten in de Puuch!

Knaken twei

Ik drööp Rolf un Fru bi`t Spazeerngahn. Rolf hett sik den Dumen broken. As he mi dat ingipste Deel vör de Nääs hööl, heff ik em vertellt, dat ik sowat ok al mal harr. Lang her, as ik ut en Emmer fullen bin. „Nee, nee," winkt he af, so eenfach is dat bi mi nich wesst. Ik bin ut`t Bett fullen." „Ut`t Bett fullen? Wo kann dat denn angahn?" Sien Fru güng al wieder. He wind sik so`n beten un ik mark, dat he Möh hett ut`n Druck to kamen. „Kumm, segg de Wohrheit, Rolfi, hesst villicht een in Tee hatt? „Nöö, dat wiss nich." Ik: „Aver een markt doch, wenn Rutfallen ut de Puuch drauht. So deep kann een doch gor nich slapen." He süüfzt: „Is doch egal un ehrlich seggt, ik heff jo nich slapen. In Gegendeel. Op jeden Fall hett dat aasig wehdoon." Ik heff nich spitz kregen, worüm he sik so tiert hett. Naja, is jo siene Saak. Geiht jo keeneen wat an.

Miene Geschicht vun mien Stort ut en Emmer, de heff ik em liekers noch vertellt: Eenmal in Harvst weer ik dorbi de Bläder vun de Terass

to fegen. In mien Emmer güng de Rest nich mehr rin. Ik mit beide Fööt togliek dat drööge Loov tosamenpressen. Wat passeert? De Emmer kippt üm. Un ik mit. Tüffelig, mit veel Swung! Keen Chance mi staatsch aftorullen. Hand broken! Gips! Kunn veer Wuchen nich schrieven.
Dütt pienliche Beleevnis heff ik ok keeneen vertellt. Sogor de Dokter hett mi dat as Mallöör mit`t Fohrrad afnohmen. Düsse ole Geschicht un nu de niee vun Rolf heff ik ünner dat Steekwoord „Geheembruch“ afspiekert. Geheem! Also nich wiedervertellen!

Een lehrt nie ut

Mien Fründ Walter is Discher un kann vun sien Arbeit allerlei vertellen. He leggt dat geern dorop an to bewiesen, dat ik Klookschieter vun sien Handwark lang nich allens weet. Letzt ok wedder. Ik mutt gestahn, dat ik bit dorhen noch nienich wat vun en „Recht to`n Hamerslagen“ höört heff. Un akkerat dat hett he mi fraagt. Würklich wohr! „Du weetst doch sünst ümmer allens,“ grient he achtersinnig. „Wat? Nee, kenn ik nich! Tüdelkraam! En Recht to`n Slagen mit` n Hamer? Ahn Hamer kümmst du as Discher doch gor nich kloor. Bruukst doch keen egen Recht för. Du spinnst doch!“ He: „Nee, nee, överlegg doch noch mal.“ Ik weet, dat em dat Spaaß maakt, den Kloken to spelen, un ümmer `ne Wiel bruukt bit he op`n Punkt kümmt. „Walter, willst du mi veräppeln? En Recht to`n Slagen mit`n Hamer? Jo, fröher de Meister in de Dörpssmeed, jo, de harr dat Recht to`n Hamerslagen. Sogor Sünndags! Wenn en Peerd en niees Hoofiesen nödig harr. Meenst du dat dat för sien Larmmaken `n besünner Naver-Recht geev?“

„Oh, gor nich slecht,“ smeert he mi Honnig üm Boort. „An di is `n Afkaat verloren gahn. Mit Naver büst du op de richtig Spoor. Paß op: Ik will mien Huus rundrüm niee Farv un niee Fenster günnen, und dat Gerüst dorför mutt ik op Navers Land stellen. Allens örntlich fastmaken un losleggen. Dor is `n Barg Hamer-Insatz nödig. Un ik mutt ok sien naverlichen Luftruum nutten. Dat allens is regelt in dat „Hammerschlag- und Leiter-recht“. Ik: „Sowat gifft dat?“ He: Sühst wull, sühst wull, du weetst ok nich allens, oder!

Ik lässig den Dumen hoch: „Okay, hesst mal wedder wunnen Walter!

Heidi`s Dösch

Wat höllst du vun so`n lecker Fischeten? Mien Schatz un ik veel! Aver nu hett sik in uns Leven wat ännert. Keen groot Problem, liekers hebbt wi dor an to knusen. As Kinner vun de Küst, as Nordlichter, gifft dat för uns jo nix Beteres as ´n fein braden Fisch. Eet wi för uns Leven geern! Laat wi so mennigeen Stück Fleesch för stahn. Un hebbt ok gor nix dagegen, wenn uns dorüm mal Lüüd as Fischköpp vun de Waterkant betekent. Se hebbt jo kene Ahnung! Se weet wull ok nich, dat wi hier baben so kort vör`n Nordpol - sogor stolt dorop sünd. Wi Fischköpp! Jo, is so!

Oh, ik glööv, ik bün nu doch so`n beten dorvun afkamen, wat ik vertellen wull. Och so, jo, wat sik ännert hett? Uns Fischbood an Strand verköfft keen Braaddösch mehr. Dösch-filet mit mega Braadkantüffeln! Vörbi! De Fisch is roor worrn, düer, un ward nich mehr so veel verlangt. Un denn dat Braden an`t hitte Füer. Swoorstarbeit!

Mehr as 30 Jahr föhrt wi nu al de 20 km mit

Fohrrad hen na Heidi un Igel. To`n Fisch eten. Fein Glas Wien - dorto de von ehr so weltmeisterlich braten Dösch mit even düsse besünners leckeren Kantüffeln. Gifft dat nich mehr! Ut! Un nu? Heidi un ehr Mann verkööpt natüürlich ümmer noch annern feinen Fisch un wi hebbt uns – nützt jo nix – ümstellt. Liekers, wenn wi dor nu vör de smucke Bood sitt, Blick op dat Meer, `n Stück Rökerlachs op`n Teller, köönt wi uns gegen dat Lengen na den besten Braaddösch an uns Küst nich so ganz wehren. Villicht kaamt düsse lecker Tieden jo noch mal wedder. Noch hebbt wi nich opgeven. Kannst dat verstahn?

Tant Friedas Roos

As uns Modder old wörr un bi uns mit intröck, hett uns leve Naversch „Tant Frieda“ to`n Intog `ne lütt Rosenplant bröcht.
„Dat ward `n Prachtstück bi ju in Goorn!“ Modder hett sik freut un wi hebbt uns över Rosen eerstmal klook maakt. Beten Sand mit in de Eer, en sünnig Platz neven de Goornheck.
Lange Tiet keem Tant Frieda ümmer mal üm to kieken, of de Plant ok mit Leev pleegt ward, goot wasst un blöht. Naja, güng so. Wi hebbt uns veel Möh geven, se in Fröhjohr fein besneden. Weer dat to drööög kreeg se Water. Wat möök de Roos? Jo, wassen dä se goot. Wat möök se nich? Se kreeg keen Blöten. Mit de Tiet hett de Heck se mit inslaten, se füll nich mehr op. Aver dat se noch dor is, dor hett se uns – dammi noch mal to - sülm an erinnert. Wodörch? Jo, wodörch wull? Ümmer, wenn een vun uns bi de Heck an`t Snieden oder Wöden weer un nich an Tant Friedas Roos dacht hett: Aua! Schiet! Ja denn hett se uns ehr Döörn spören laten. Mit so männich Drüppen

Blood wörr uns Goorneer dränkt. Hett aver ok nix nützt! Toletzt, Tant Frieda wörr ümmer klöteriger to Foot un rööp to`n Snacken blots noch mal an: „… un vertell mal, wat maakt uns Blomen-Königin?“ Wenn wi denn säen: „Tant Frieda, du weetst doch, keen Rosen ahn Döörn, weer se dormit tofreden un hett sik freut!“ Dat ümmer noch kene Blööt to sehn weer, hebbt wi de letzten Jahr för uns behalen. Is dat nich so, dat `ne Roos al siet de Antike ok as Symbol vun`t Verswiegen gelt?
Nu is Tant Frieda al lang nich mehr dor. Aver wi denkt geern an se. De Roos piekt uns ümmer noch.

De urole Fraag

Dor op kamen bün ik dörch so`ne mallerige Fraag vun Unkel Kurt. Paß op! Wenn mien Schatz un ik mal utgahn wüllt, Theater, Gebordsdag, to`n Grillen, egal wat. Gifft `n Problem. Ümmer! Würklich wohr, ümmer!
Twee Jahr lang heff ik forscht worüm! En Johr bi mien Fru un mi. Dat twete in Frünnen- un Bekanntenkring. Heemlich. Mien Opteknungen fein in Schrievdisch inslaten. Bün seker, dat ik dor `n Verlag för finn. Liekers, ik will al `n beten wat verraden. Ik heff rutfunnen, dat dat so`n Problem nich alleen bi uns gifft, nee, bald in jedeen Partnerschop, un so ganz frie bün ik sülm dor ok nich vun. Na mien Oplisten sünd aver blots to 12 Perzent wi Keerls, to 88 Perzent de Fruens de Oorsaak. Överall binah dat Glieke!
Is so! Üm wat dat geiht? Geiht üm de urole Fraag: Wat treck ik an? Dat in de Hauptsaak Fruens verantwoortlich sünd, kloor! Wenn se ewig lang oder gor nich to`n Afsluss kaamt: „Treck ik dat blaue, dat gröne Kleed, de Büx, de Bluus, de West an oder doch nich? Un

ümmer so wieder. Nix för ungoot, leve Fruens, mien Studien bewiest ahn Twiefel, wi Keerls brukt 10 bit 20 Sekunnen för dat Utsöken vun Kleedaasch, wenn wi utgahn wüllt. Kieken, entscheden, antrecken, losgahn! Un nu kümmt uns ole Unkel Kurt wedder in`t Speel. De uns all tohoop - ümmer un ümmer wedder – mit sien mallerige Fraag op`n Senkel geiht: „Du weetst, worüm en Magnet männlich is?" „En Magnet, nee, worüm?" Över sien Anter freut he sik denn sülm an meisten: „As Fru wüss de Magnet jo nich, wat he antrecken schall. Ha-Ha!" Is jo goot Unkel Kurt!

Mutt Ornung sien?

Af un to schimpt mien Schatz mit mi. Worüm? Wieldat ik op mien Schrievdisch un in de Arbeidsstuuv keen Ornung halen kann. Seggt se! Mi fallt so wat nich op. Aver okay, wenn se mi nödigt mal so richtig hentokieken, …jo, mutt ik togeven, `n beten Recht hett se. Liekers hau ik ümmer den Spruch rut: „Wokeen Ornung höllt, is blots to fuul to`n Söken! Nee, nu mal ernsthaftig, sogor de Wetenschop weet hüüt, dat kloke Minschen beter in so`n Kuddelmuddel arbeiten köönt. Dat reegt den kreativen Sinn an.

Gifft sogor Studien, de bewiest, dat so`n Schrievdisch un so`n Ümfeld as in mien Arbeidsstuuv meist to en kloken Kopp höört. Sühst wull! Un de hett wat Beteres to doon, as Stifte wegtorümen, Böker wedder akkerat in`t Regaal stellen un de Bargen vun Zeddels to entsorgen. „Schatz, wat seggst du nu?“ Jaaa, denn kiekt se mi minnachtig an un winkt af. Ganz anners uns Enkels. As de noch `n beten lütter weern, wohen hebbt se sik geern torüchtrocken? In de, wat seggt mien Fru, in de Chaosstuuv. Jaja! Müss ik blots eerst op`n Disch mit beid Arms rechts un links allerlei tosamen- un wegschuven. Op`n Teppich ok. Wörr ik vun de Kinner sogor loovt: „Prämium! Hier bleiben wir!“ Un se hebbt Biller malt, Böker ankeken un se to Toorns opstapelt, in Regalen rümstövert, sik ünnern Schrievdisch `ne Höhl buut un wat weet ik noch allens. Vun wegen Chaosstuuv? Nix dor! Wohlföhlklima! Kreativität!

Ja wat lehrt wi dorut? Över Ornung un allens wat dor angevlich mit tosamen hangen schall, gifft dat bannig ünnerschedlich Ansichten. Is aver ok goot so! Oder?

Gegen Kattenjammer

Ik müss letzt veel telefoneern. Un mi füll op: Ik kenn blots kloke un superaktive Minschen. Wat se allens so maakt, weet, un Wöör kennt, de ik noch nienich höört heff. Ener vun de Kloken: „Du, ik weer kanonendick!“ Wat? Duun hett he meent.
Un ener vun de Aktiven: „Bün letzt Halvmarathon lopen!“ Keem ik in`t Gruveln. Kenn ik mi mit anseggte Wöör villicht nich mehr ut? Beweeg ik mi nich noog? As ik dor nu so an`t Twiefeln an mi sülm weer, keem mien Schatz rin. Se süht mi dat ümmer glieks an. „Wat is los? Du sühst nich tofreden ut. Kann ik di hölpen?“ „Nee! Blots, ik weet to wenig un ik maak nich noog Spoort.“ Un se glieks: „Dat kümmt, wieldat du den Kopp mit den egen Kraam to vull hesst, to lang vör de Böker sittst. Dat is en Muschel-Leven! Du musst mehr an de Luft, di bewegen. Na ja, se wull mi tröösten un na un na keem se mit ehrn Plaan rut: „Ik heff `n Idee. Kunnen wi op de Stell mit anfangen. Tosamen! Wenn wi Lust hebbt. Un so lang wi wüllt un köönt. So as fröher! Wat

seggst du? Denk mal över na.“ Un schööt wedder af in de Köök. Oha! Höört sik jo binah `n beten tweedüdig an. Wat meent se blots? Se keem wedder rin. „So, hböör to. Du büst doch aventüerlustig un nieschierig. Du willst dien Stimmung ophellen. Du bruukst Glücks-hormone! Ik segg blots „Promenadologie!“
Ik: „Prome-wat? Wat is dat denn?“ Se: „Spaziergangswetenschop – Pro-me-na-do-logie. Vun Promenade.“ Jo, siet güstern dreiht wi, so as fröher, jeden Dag uns Runnen. Promenadologie, dat Woord heff ik bitlang ok nich kennt. Aver mien Kattenjammer is weg! Un du glöövst gor nich, wat dat allens wedder för`n Spaaß maakt.

Dat Momentum

Hurra! Twee Kilo weniger op de Waag! Harr ik mi vörnahmen un – iesern dörchtrocken. Bün ik `n beten stolt op. Will nu noch `n Kilo mehr rünner kriegen. Mien Fründ Klaus seggt, ik heff dat Momentum op miene Siet, wieldat ik dat torecht kregen heff. Jo, dat Momentum! Seggt se nu all! Momentum hier, Momentum dor. Dat Woord is jo nich nie, dat weet ik, aver noch nich alltolang „inflationär“ in Gebruuk. Besünners bi de Politikers aver ok vun uns groten Footballer ward all Nääs lang dat Momentum bemöht. Sünst hebbt se seggt dat se `n goden Loop harrn, hüüt ward formuleert: „Das Momentum war auf unserer Seite“. Maakt jo wull mehr her.

Is di dat mal opfullen, dat Fremdwöör, niee Wöör un Snacks, de sik klook anhöört, sik sowat vun snell utbreet? Ik weet noch, as dat opkeem dat man „dat maakt keen Sinn“ sä un nich mehr „dat hett keen Sinn.“ Dorto höört ok de Snack: „En Stück wiet. “Wat is dat denn för`n niees Maat? Ik will jo keen Klookschieter sien. Un ik weet jo ok, dat stüttig niee

Wöör, niee Begreep opdükert. Dor kannst nix an doon, is ok nix gegen intowennen. In Gegendeel, Spraak leevt!
Nu gifft dat jo aver `n Barg Lüüd, de beklaagt, dat in de hüütige Tiet to veel anenanner vörbisnackt ward. Villicht mit Recht. As ik anfüng, över düssen Text natodenken, wüss ik noch nich so recht, of dat Sinn maakt un mi dorto noog infallt. Aver denn güng dat goot vöran, un ik bün enigermaten tofreden. Ik kann seggen, hett `n Stück wiet henhaut. Un dat ene Kilo mehr krieg ik ok noch rünner! Of dat denn so blifft, kümmt op an. Aver, wenn mien Momentum mitspeelt, nehm ik sogor noch `n Kilo wieder af. Dor kenn ik nix!

Wenst (Gewohnheit)

Fief Jahr her. Dor schull ik in uns Köök so`n Design-Drohtboord an de Wand schruven. För allerlei Deko-Lüttkraam. Na ja, vun mi ut! Mien Schatz hett de beste Stell utsöcht. Wi müssen för de ole Kökenklock, de dor al ewig hüng, en annern Platz finnen. Güng gau. Haken in de Muer, Klock ran, fardig! För dat niee Boord veer Löcker, veer Schruven, ok fardig! Möök sik ganz goot, jooo. Fief Jahr her!

Annerletzt fröög mien Schatz mi vörsichtig of mi in uns Köök egentlich ok wat nich gefallt. „Nee," heff ik flunkert, an dien Designboord domals heff ik mi jo lang wennt. Ik finn uns Köök echt kommodig."

Dor keem se dor mit rut: „Ik aver nich," klaagt se. „An den nieen Klockenplatz kann ik mi eenfach nich wennen. Ik kiek nu fief Jahr, wenn ik weten will wo laat dat is, ümmer toeerst op de ole Stell. Dat maakt mi verrückt!"

Dor harr ik jo nu nich mit rekent. „Oh, Schatz, of du dat nu glöövst oder nich, jo, af un an geiht mi dat ok so. Aver ik wull üm Gottswillen nich dien Designboord wedder in Fraag stellen. Wat passeert? Neegsten Dag. Ik keem na Huus un wull in de Köök kieken, wo laat dat is. De Klock nich mehr an den wennten Platz. – Mien Schatz stolt: „Tja, sülvst is de Fru!“ Jo, bang is se nich vör Hamer un Schruvendreiher, de Klock hüng wedder an den olen Platz as vör fief Johr. Un dat schicke Boord? Weg! Mien fixe Fru hett uns Welt wedder in Ornung bröcht! Liekers, ik harr mi nu so suutje doch al teemlich goot an den nieen Klockenplatz wennt. Heff ik ehr lever nich verraden. Aver nu geiht de ganze Geschicht wedder vun vörn los. Maag ween, in fief Jahr wesselt wi wedder!

Ik finn nix

Finn-nix wörr ik wull bi Asterix heten. Seggt mien Schatz. Un dor lied ik ünner! Kloor, mennigmal twiefel ik an mien Verstand. Worüm? Ja, ik finn oftins nix wedder. Ok wenn ik weet, dat ik to`n Bispill de Astscheer op de Goornbank afleggt heff. Wenn ik se wedder bruuk, ja wat? Denn is se weg! Gifft dat doch nich, oder? Denn grippt mien Fru in!

In Keller mien lütt Warkstedt. Bün dor veel an`t Klütern. Mien Schatz kennt dat al, wenn ik vun ünnen bölk: „Kannst du mal rünner-kamen?"

Denn - se sett dat al ümmer vörut - röppt se vun baben: „Wat söchst du denn nu al wedder?" „Schruven!" „Du hesst doch dien Schappen vull mit Schruven." „Jooo! Aver ik harr jo de al tosamensöcht, de ik bruken will!

Un nu! Weg!" Se vun baben: „Wat, du harrst se al?" „Jo!" „Un wo sünd se nu?" „Jo, wenn ik dat wüss! Weg sünd se!"

„Dat is doch Quatsch, Schruven loopt nich weg. Ik heff graad keen Tiet, sünst kookt mi de Supp över. Söök eenfach noch mal in Roh. Denn warrst du se al finnen!"

Also söök ik. Finn aver nix! Na `n poor Minuten kümmt se rünnersuust.
„Wat sünd dat för Schruven, de du nich wedder finnst?“
„6 Holtschruven, 4,5 x 50, Krüüzschlitz.“
Un denn passeert dat, wat ik mien Leevdag nich begriepen warr. Mien Schatz hevt dat Kinn, lött ehr Ogen kort över Warkbank un al den Rumpelkraam wannern un grippt to. „Hier hesst dien Schruven! Du weetst aver schon, wat `n Blindflansch is, oder?“ Gottloff grient se dorbi ümmer gootmödig.
Ik will se nu Gutemine nömen. So heet bi Asterix de Fru vun Häuptling Majestix. Aver de hett ehrn Mann vull in Griff. Un dat is bi uns jo doch noch `n beten anners.

Verbiestert

Geiht wedder los mit Sommertiet!
Vör oder torüch `ne Stunn?
Hüüt nacht is dat so wiet!
Wenn ik dat blots maal kunn!

Stell Klocken vör, nee nich torüch!
Akkerate Tiet is wichtig!
Mien Fru meent, dat is dumm Tüch,
torüch de Wiesers – dat is richtig!

Wi fangt dat Diskereren an,
un striet uns luut un leeg.
Se röppt: du hesst en an de Pann!
Ik schimp: du ole Zeeg!

Un annern Morgen – so en Schiet,
utslapen oder mööd?
Richtig oder falsche Tied?
Och, klei mi an de Fööt!

Vun Kinner un junge Lüüd

Lachflash

Ik harr letzt een vun uns Enkelkinner so`n korten lustigen Videofilm schickt. Över Whats App. Torüch kreeg ik en Lachsnuut un twee Bookstaven: LF. LF? Wat heet dat denn? LG för leve Gröten, dat kenn ik jo. Aver mit LF kunn ik nix anfangen un heff torüch fraagt. Anter: LF bedüüd „Lachflash". - Lachflash? Och so, ja, doch, kenn ik vun fröher. Lachanfall – hebbt wi Kinner seggt, wenn wi uns – wat faken vörkeem – wedder mal kaputtlachen müssen. Uns nich mehr inkregen, wenn sik unvermodens `ne snaaksche Situatschoon ergeev.

Kaputt lachen kunn ik mi an allerbesten tosamen mit mien Fründ Hansi. Dat hett soveel Spaaß maakt un – ik weet noch – blots ankieken hett langt – denn güng dat glieks mit de Gnuckseree, pruschen, pruusten un gackeln wedder los. Eenmal hett uns Schoolmeister mi un Hans sogor rutsmeten as wi in Ünnerricht mit dat Hucheln un Kucheln gor nich mehr ophören kunnen. Üm wat dat egentlich güng heff ik vergeten, aver uns gemeensamen Lachflash nich. Hans un ik, nu beid grieshaarig, hebbt uns körtens tofällig wedderdrapen. Un as wi uns begröten dään, güng dat akkerat so as fröher. - Ik: „Moin Hansi!“ Un Hansi: „Hallo Ralfi!“

Un denn hebbt wi beiden Oldies stutzt, uns ankeken un – ha – ha `n LF, `n Lachflash kregen. Binah so as domals de beiden lütten Buttjers Hans un Ralf. Un dat föhlte sik sowat vun schöön an.

Lütte Inköpers

Tant Grete un ehr lütte Tante-Emma-Laden. Ok ut `n Goorn hett se allerlei anboden. Un ümmer, wenn Familienfiern löpen, wörr Grete nötigt, wat Lustiges ut ehrn Laden to vertellen. Eenmal schööv `ne ganz lütte Deern `n Zeddel över de Theek, dor stünn ne Een op un dor neven dat Woord „Hühnerkorn." Also „En Höhnerkoorn!" Meent weer so´ne 5-Pund-Tüüt. Un Grete? Hett fein en eenzig Korn in `ne lütte Tüüt rinfummelt, den Zeddel dorto, de Tüüt akkerat tosamenfalt. De Deern dormit af na Huus.

Oder de Jung, op sien Inkoopszeddel stünn allerlei op, ok „Viertel Pfund Fleischsalat". Schreven mit de Tall Een, `n schragen Strich un dor ünner de Veer. Also ein Viertel. De Buttjer, de man knapp lesen kunn, hett sik Möh geven, weer aver överfordert. Liekers hett he allens vörleest, stakkerig, aver stolt: „Un.. dann noch … Eins ..Strich …vier .. ääh Ffff..leischsalat!"

Geern hett Grete vun den schüchternen Dieter vertellt. De Laden al to, se pusselt noch in

Goorn. Opmal stünn Lütt-Dieter vör ehr, keek na ünnen un liesen: „Dill!“ Grete hett nafragt: „Wat müchst du?“ He ´n beten luter: „Dill!“ Grete fründlich: „Woför denn, mien Jung?“ Dor wörr he suer un rööp luut. „Dill för miene Oma siene Gurken, Mensch!“ Un düsse vergretzte Satz – akkerat so verdreiht, as de Lütt em ruthaut hett – de is in uns Familie hangen bleven.

Un tövert uns ümmer noch `n fröhlich Grienen in`t Gesicht. „Dill för miene Oma siene Gurken, Mensch!“

Verkehrt verstahn

Dat gifft `n Book över verkehrt verstahne Leder? Dor steiht bin, dat kuum en Minsch, of lütt oder groot, jemals en Leedtext kumpleet richtig versteiht. So as in dat schöne Kinnerleed „Weißt du wieviel Sternlein stehen?“ Dor heet dat „Gott der Herr hat sie gezählet“. Verstahn un sungen wörr vun Kinner nich „Gott der Herr hat sie gezählet,“ sünnern „Gott der Herr hat sieben Zähne“. As mien Schatz un ik letzt över dat verkehrte Verstahn snacken dään, hett se mi gestahn, dat se in de School dat Leed „Froh zu sein bedarf es wenig – und wer froh ist, ist ein König“ ok verkehrt verstahn hett. Se sung den olen Kanon ümmer so: Froh zu sein bedarf es wenig, unser Forbes ist ein König. Un sik vele Jahr fraagt hett, wokeen blots de geheemnisvulle Forbes sien mag. Unse Forbes is en König? Kunn se sik keen Riem op maken un to fraagen hett se sik nie trut. Toveel Schiß sik to blameern.
Un mi füll ok glieks ene Fraag in, de mi lütte Buttjer mal quält hett. Gillfest in`t Dörp. Blaasmusik. Ümtog. An Dörpdiek to`n Afsluss

Sleswig-Holsteen-Leed. Dat Singen daagelang in de School övt. Schleswig-Holstein meerumschlungen. Dor heet dat: Schleswig-Holstein stammverwandt, wanke nicht mein Vaterland. Stampfer-Wand? Wat is dat egentlich, ene Stampferwand? Wokeen buut de? Wo steiht de? Un wat schall de? Sleswig-Holsteen-Stampfer-Wand?

Negsten Dag heff ik mien Mood tosamennahmen un uns Schoolmeister fraagt. Ik glööv, de Fraag hett he aver gor nich verstahn, hett eenfach minnachtig afwinkt un ik kreeg en an de Riestüten. Tja, so löppt sowat.

Dat verhexte Slott

De beiden lütten Deerns löpen as dull bit de düüster Woold to Enn weer. Ehr Blomenstruuß verlöör sien Schick un güng to`n Düvel.

Jo, so kunn `ne ole Saag anfangen. To`n Bispill de vun`t verhexte Slott in de Probstei. Wunnerschöne Landschop op uns Eck. Ina Müller singt sogor: „De Probstei maakt mi ümmer ganz high!“ Mi ok. Mien Schatz kümmt vun dor. Un hett mi vun den vertövert Woold vertellt.

Se un ehr Süster hebbt dor in`t Holt geern speelt un för Oma Blomen plöckt. Karkenslötels – Primeln. Un wenn se mang de groten Bööm güngen, hebbt se sik sülm so lang bang maakt, bit se kopplos utneihn müssen. Dat keem vun en spökelig Saag, de Opa de Kinner nienich to Enn vertellt hett: „Dor stünn mal en oles Slott. Is verhext. Dat düüster Geheemnis, woans düt Slott enes Daags erlöst ward, kennt blots noch `n poor Minschen. Un ik!“

Denn lööp de Deerns `n kole Schuer den Rüch rünner. Liekers, villicht ok jüst dorüm, hett dat de beiden ümmer wedder in dat vertövert Holt trocken. Un Oma kreeg all nääslang niee Blomen! „Opa bitte, verraat uns, woans dat Slott befreet warrn kann. „Nee, to grulich, nix för Kinner!“ He hett dat för sik behalen, bit de Deerns, lang groot, em mal in de Mangel nohmen hebbt. „Tja, dat Erlösen vun dat Hexenwark kann alleen … dörch een deepswatten Hahn in Gang sett warrn. Aver de, de mutt mit een Hinkepoot boorn worrn sien.“

De beiden Süstern hebbt sik fröhlich toplinkt: „Ja, wenn dat so is - dor luer man op!“

Notoperatschoon

As uns Enkels kleen weern, hebbt se so lütte Figuren, Deerten ut Hartgummi sammelt. Weer dat Hobby vun vele Kinner. Harr den groten Vördeel, dat wi ümmer wüssen, wat wi to`n Gebordsdag schenken kunnen. Dat geev Saurier, Elefant, Nashorn, Koh, Perd, Apen, Giraffen, Hund, Katt, Göös, Anten, Swien un wat weet ik noch. Allens, wat op uns Eer al mal leevt hett un noch leevt.
Kemen de Lütten op Slaapbesöök, hebbt se Kassens vull mit Veehtüüg to`n Spelen mitbröcht. Op`n Rasen `n Zoo oder `n Jurassic-Park opbuen hett uns bannig Spaaß bröcht.
In`t Huss eenmal all de Deerten achterenanner opstellt un de Streck nameten. Tweeuntwintig Meter Hartgummideerten! Dörch al de Stuven! Un de müssen denn `n poor Daag so stahnblieven. Wenn een nachts mal rut müss, dat Roppedden dä ebenso weh as `n Legosteen ünner de barften Fööt.
An düsse Tiet müss ik denken, as ik in mien Arbeidsstuuv ganz achtern in en Bökerregaal

so`n lütt Deert vun domals wedder fünn. En Reh. Och, kiek an, di kenn ik doch! Kloor, op di bün ik in Düstern ok mal pedd. Aua! Un denn hüng dat ene Ohr blots noch an`n sieden Faden, en Been afbroken. Meern in de Nacht heff ik as „Veehdokter“ de Notoperatschoon dörchtrocken. In Keller. In Slaapantog. Dat Ohr? Nich mehr to retten. Müss af. Aver en niees Been müss nödig her. Ik weet nich mehr, wo lang ik an dat Holtbeen arbeid heff. Teihn Jahr her! Vun dat En-Ohr-Holtbeen-Bambi heff gau `n Foto över WhatsApp an de Enkels schickt. Se wüssen glieks Bescheed! Smily, en Hart un dree Dumens torüch.

Monday, Monday

„Monday, Monday!“ Den Dag kannst` nich truen. So wat singt se in dat schöne Leed. The Mamas and the Papas. An een Mondag harr ik mal `n wunnerbor lütt Beleevnis.
Nee, de Mondag domals füng eerst slecht an. De Kinner wullen wedder nich ut de Puch. Stress, de Tiet lööp. In letzten Momang af na`n Schoolbus. Mien Schatz un ik al düchtig anfreten. Ik in Loopschritt hen na de Bahn. Keen Platz frie, ik mutt stahn. Utstiegen, in Draff wieder, rin in´ Fohrstohl. Stimmung ümmer noch slecht. In den vullen Fohrstohl stünnen de Lüüd eng un – as dat noch mehr as sünst an Mondag so is – keken gnegelig un stumm op `n Footbodden. Opmal tröck ene lütt Deern ehr Modder an de Hand un kreihte los: „Guck, mal, Mama, wie lustig! Hihi! Der Mann da hat einen ganz hellbraunen und einen schwarzen Schuh an!“ Ik kiek an mi rünner, jo, se meent mi! Och du grote Gott! Seeg aver ok putzig ut. Woans schall een reageren? Mien Motto: LMAA. Nee, nich wat du nu denkst. Bedüüd bi mi: Lächle mehr als andere! Jo, so

fröh sünd de Lüüd – ik inslaten – dörchweg noch `n beten gnadderich tomoot. Sünnerlich mondags. Aver dor in den vullen Fohrstohl slöög de Stimmung op een Slag üm! Batz! Vergnögte Gesichter rundrüm! Un de Passageren sünd, dor bün ik seker, een lütten Tick beter luunt as vörher op ehr Arbeidsstell gahn. Wenn ik hüüttodaags düsse lütt Mondagsmorgengeschicht vertell, ward geern seggt: „Villicht hesst du domals jo al een Modetrend vörwegnahmen?“ Künn ik „jo“ seggen. Aver een schall jo nich mit allens groot rüm prahlen. Stimmt doch, oder?

Piepen un fleuten

As uns Enkeldochter so söss, söben Johr weer, heff ik ehr dat Piepen op`n Grashalm wiest. Kennst dat? De Hannen tosamen leggen un `n Grashalm, de so twee, dree Millimeter breet is, twischen de beiden neven- un anenanner legten Dumens spannen. An de Lippen leggen un düchtig blasen. Beten öven, denn pippt dat. Luut un schrill! Kannst Lüüd mit verfeern. Maakt Spaaß!

Nu is de Deern 15 un rööp mi ut Spanien an. Se is op Besöök bi ehr spaansche Oma. Toeerst höör ik blots kichern un spaansche Deernsstimmen: „Alemania… un… Abuelo“. Also Düütschland un Grootvadder! „Mien Söten? Büst du dat? „Jahaa!“

Un denn hett se mi verkloort, worüm se mi anröppt. Se geiht graad tosamen mit ehr Fründin en Wannerweg an de Küst lang. Un dat se jüst en schönen Momang beleevt hett: Torüchdenken an Kinnertiet un de velen Feriendaag bi uns, ehr düütschen Grootöllern. As se an een warmen, weken Maidag mal mit Abuelo, mit mi, spazeerngahn is. Över

Wischen, an See lang. Un of ik dat noch weet, as wi en Maisepper sehn hebbt? „Jooo, dat weet ik noch!“
Un dat ik ehr denn dat Piepen un Fleuten op `n Grashalm vörmaakt heff. As se dat ok kunn, weer se glücklich. Dat harr se jüst ehr Fründin vertellt. Se hebbt sik en Grashalm söcht, dat probeert un ok henkregen. Un dorüm müss se mi – nützt nix - nu op de Stell anropen un mi wat vörpiepen. „Danke, dass du mir das beigebracht hast!“
Oh Mann, goot dat dat keen Video-Anrop weer. Mutt de Deern jo nich mitkriegen, dat ik gau na mien Daschendook grabbeln müss.
La vida es bella – Dat Leven is schöön!

Över Vörnamen

Jeedeen weet, dat man över Smack fix strieden kann. Sünnerlich bi Vörnamen. Afsünnerliche un schrage Namen find een in all de Gesellschopsschichten, faken aver wull bi Kinner vun prominente Lüüd.
Wenn to`n Bispill `ne Deern Euphemia un en Jung Lucky heet, dat geiht jo noch. Wokeen sik klook maakt weet, de beiden Namen hebbt wat mit Glück to doon. Un dat is jo eerstmal nich so slecht. Aver söök mal wieder. Denn stöttst du op Winnetou un Wilson Gonzales un fraagst di, of dat villicht för`n besünners fixe Deern ok den Namen Speedy Gonzales gifft? Glööv dat oder glööv dat nich, bi uns gifft dat sogor den Vörnamen Tarzan. Will höpen, dat Tarzan nich so`n Lütten is as Napoleon un orntlich Murr in de Knaken hett. Ja, würklich wohr, Napoleon as Vörnamen gifft dat ok.
Dat schönste aver, wat ik letzt op dat Rebeet höört heff, is so nüdlich, dat glööv ik eenfach mal. In Kinnergoorn weer en lütte Pööks ganz nie. As de Fruuns em na sien Namen frögen sä

he, he heet Pirschelbär. Noch mal nafraagt. Pirschelbär - dor bestünn he op.
Dor wull jo nu keeneen mit loslopen. Wörr beraatslagt, wat to doon is. Noch mal fragen? De Jung: „Ja, Pirschelbär, wirklich!"
Denn hett ene ehr Handy zückt un de Modder anropen. „Doch," lacht se, uns Söhn heet so. Is `n franzöösch Namen. He hett dat richtig seggt. He heet Pirschelbär! Piere-Gilbert!"
Kiek, un of de Geschicht nu wohr is oder blots `n Spaaß, Piere-Gilbert is op jeden Fall keen överkandidelte Vornamen. Un dat alleen tellt.

Enkelkinner

Lang her, dat ik Enkelkind weer. Uns Enkels sünd 21, 18 un 15. Wat de so för Ideen hebbt un sik al in de Weltgeschicht rümdrievt! Mega! Nee, nix mit apen Geldbüdel vun Öllern un Grootöllern. De Nawuss mutt ok tosehn, sik sülm wat dorto to verdenen. De Öllste maakt neven sien Studium Mathe-Nahölp, bespaast Urlaubskinner, reist mal hier-, mal dorhen, Naricht an uns? Roor!

Sien Cousin un Cousine gaht noch to School, sünd aver liek aktiv un flietig. Allerlei Jobs vun Sport bit Babysitten. So spaart de Dree för Reisen un allerlei Ideen. Un wi Grootöllern kriegt dat Muul nich mehr to, wat se sik allens so infallen laat. Letzt kregen wi vun uns 18jährigen WhatsApp-Videos. Op uns Nafraag: „Bin in Nigeria. Internationales Treffen junger Leute.“ Wat? Oder de Deern. Of se uns mal för `ne Week besöken dörf. Jo, mit 5 Fründinnen! „Sülvstbestimmtes Wahnen“ öven. Bedüüd, wi schüllt uns üm gottswillen üm gor nix kümmern.

Vun de Alpen, Pyrenäen, Canaren oder sünstwoher ploppt Biller in`t Smartphone op. Ahn Wöör, aver ümmerhen! Wi wunnert uns ok nich mehr, wenn de Ene mal even mit `n Toog na Bari in Italien suust üm siene Facetime-Fründin persönlich kennentolehrn. Mitünner vergliek ik dat mit mien junge Tiet. Mit Rad un Telt na`n Bungsbarg un wenn`t hoch keem na Ostfreesland. Mien Schatz vertellt, dat se un ehr Süster domals de teihn km mit uns Lüttbahn „Hein Schönbarg" föhrt sünd üm bi ehr Tanten Alma un Gerda mal so richtig Sommerferien in Kiel-Diedeldörp to maken. So ännert sik de Tieten!

Molly Malone

Vun`t Singen will ik mal wat vertellen. Ofschoons, `n grote Sänger bün ik nie wesst. In de School kreeg ik meist `ne Veer un eenmal sogor ne Fief. Aver ik bün mi seker, uns Musiklehrer harr nich so recht Ahnung. Liekers hett mi Singen ümmer Spaaß bröcht. Schiet op Zensur!

Eenmal, bald veertig Johr her, dor weer ik mit `n Frachtschipp in Irland. Wi legen `n poor Daag in so`n lütten Haven, nich wiet weg vun Dublin. Avends sünd wi geern in so`n typisch eirisch Pub gahn. Geev lecker Guinness. Un avends wörr dor sungen: Karaoke!

Kunn jeder mitmaken. Naja, vörut sett, dat he na ene vörspeelte Melodie dat dorto hörende Leed singen kunn. So richtig mit Mikro un Verstärkeranlaag. To`n Sluß hett dat Publikum afstimmt, wokeen de Beste wesst is. Geev denn `n lütten Pries un noch mehr Guinness. Aver de Leder weern natüürlich engelsch. Kloor weern dor vele bi, de wi ok kennen dään, aver de Texte akkerat mitsingen, dor

weern wi meist överfordert. Letzten Avend – wi seten wedder dor, wo wi ümmer seten, weern al `n beten bekannt mit de annern Gäst un mag ween, ik harr villicht al een, twee Guinness genaten. Un denn kriggt man jo Moot. Denn wörr en Leed anseggt, dat harrn wi as Kinner in de School bi`n Engelschünnerricht lehrt. Hebbt wi in uns Klass ümmer geern sungen. Den Text harr ik noch enigermaaten in Kopp. Un heff mi meld. Ik wull dat singen. Oha, dat geev eerst `n beten Opregung. De „German“ will dat Leed singen. Ik wüss domals nich, dat dat Hymnencharakter hett. Na, ik will dat kort maken, na so teihn Minuten fründliche Diskuschoon, of ik as „German“ dat singen schull oder lever nich, weern se to`n Sluß all de Meenung: Yes! Nu müss ik!
Dat Leed – ji kennt dat bestimmt ok – heet „In Dublin`s fair City“ oder ok „Cockles and Mussels“ oder noch beter bekannt as „Molly Malone“. En Volksleed un sotoseggen de inoffizielle Hymne vun de Stadt Dublin. Dat Leed vertellt de Geschicht vun ene schöne Dubliner Deern, Molly Malone, de mit ehre Fischkoor dörch de lütten un groten Straten treckt un ehr Muscheln, Hartmuscheln und Miesmuscheln, lebend! – Cockles and

Mussels, alive - luut anpriest. Ehr Öllern weern ok al Fischhökers wesst, un sünd mit ehr Koren rümtrocken. De Ballaad geiht toenn dormit, dat de wunnerschöne Molly fröh starven mutt un ehr Geist de Koor wieder dörch de Straten treckt un ümmer noch röppt: Cockles and Mussels, alive, alive oh!"
Na, ik heff dat Leed dor in den irischen Pub sungen – mehr slecht as recht – aver egal. Winner bün ik nich worrn. Wat mi aver binah ümhaut hett, dat weer de Inbrunst, mit de dat Publikum na `n poor Takten mitsungen hett. Un dor weer dat egal, wo goot oder slecht ik singen dä, de Stimmung eenfach nich to beschrieven. Heff ik bit hüüt nich vergeten. Ja, dat wull ik vertellen!

Niee Insichten

Lüüd, dat is noch nich so lang her, dor hebbt mien Schatz un ik wat doon, dat wi gor nich mehr so recht kennen dään. En Mega-Beleevnis!

Johrelang Stress, Termine, Job, Familie, Kinner, vull inspannt. Ümmer in de Gang üm enigermaten den Kurs to holen. Meist to wenig Tiet för so vele lütte, schöne Saken an Rand vun uns Weg. Liekers hebbt wi uns ümmer wedder op`n Padd maakt. Op de Söök na niee Strecken, na niee Horizonten. Mit`n Fleger, op`n Schipp, mit Fohrrad, to Foot. Sotoseggen pausenlos. Aver: Ümmer `n Plaan, ümmer in Iel. Worüm? Jo, dat Geföhl, de Tiet löppt ümmer sneller, se höllt uns op Trapp. Wi mütt Dat noch - un Düt eerst recht noch. Denn keem de Erkenntnis: Dor mütt wi ansetten! Sluß mit Gauheit, mit Tempo!

Wat steiht in Orwells Roman „1984“? „De Tiet vergeiht nich gauer as fröher, aver wi loopt ieliger an ehr vörbi“. Dor kümmt een in`t Gruveln. Wat wi toeerst maakt hebbt? Uns Terminklenners afspeckt. Füll swaar un hett `ne Wiel duert bit wi dor mit üm kunnen. Männigeen Torüchslag hett uns to Schaffen maakt. Denn hebbt wi uns gegensiedig wedder op de Spoor bröcht. Sünd stuur bleven. Nu löppt uns Leven würklich `n beten rohiger, entspannter af. Jo, de kloke Schorsch ut England, George Orwell, de wüss Bescheed. Ielig an de Tiet vörbilopen is nich mehr uns Ding. Wi maakt nu – nich ümmer, aver faken - wat, dat uns so lang al nich mehr in Sinn kamen is. Un weetst du wat dat is? Würklich ganz eenfach! Echt Mega! Wi maakt Nix!

Reisebiller

Kannst du di noch an de schönen Dia-Avende erinnern? Fröher! Afwesselnd hell, düster, hell. Ritsch, Ratsch! Vöriges Johrhunnert! As Tant Lene al na 5 Minuten inslööp. Dat löppt hüüt in uns moderne Tiet ganz anners. As uns Fründ Gerd letzt vun `ne Reis touchkeem, wull he uns de Biller op sien Täblett wiesen. Doch, interessant! Tweedusend Landschopsfotos, egalweg dat feine Wedder, ik glööv so `n poorhunnert Sünnenop- un –ünnergänge. Ener ümmer romantischer as de vörher. So wat vun Farven! Wi seten bit deep in de Nacht. Liekers - ofschons bannig beindruckend – puh - maakt so wat ok mööd. Aver Gerd is dor fienföhlig: „Keen Problem, ik weet, een mutt soveel Wunnerbores eerstmal verdauen. Verstoh ik. Ik kumm eenfach noch mal wedder!“ As he anrööp wegen Termin: „Tööv mal, mutt mien Fru fragen: „Segg mal Schatz – Gerd will uns noch de restlichen Biller wiesen. He hett jetzt sogor `n Beamer!“ Mien Fru snappt na Luft un sik den Hörer: „Du, höör to, harr ik bald vergeten. Aver ik heff mi so`ne Bindehuutentzündung infungen. Ik schall de Ogen eerstmal `ne tietlang nich överlasten un – stell di blots mal vör - sogor uns Flimmerkassen schall ik ut laten. Schaad, aver wi kaamt later wiß op dien Biller torüch.“ As ik al sä, Gerd is so wat vun fienföhlig: „Löppt jo nich weg, verspreek ik!“ Nu is he al wedder op Reisen. Acht Wuchen weg! Ehrlich, wi freut uns mit em! Kiek, of mit so`n olen Ritsch-Ratsch-Dia-Projektor oder `n moderne liese Beamer, so veel hett sik in de letzten 20 Jahr denn doch nich ännert, oder?

Över stille Straten

Ik bün dor al lang op kamen, dat slechte Stimmung in`t Land veel mit den Tostand vun uns Landstraten to doon hett. Heff ümmer wedder över all de utflickten Straten schimpt. Kannst jo kuum noch Strecken finnen ahn Slaglöcker, ahn afbröckelte Kanten, ahn Flickwark.
Un wat sä ener vun de kloken Politikers? „Beter `n Flicken as `n Lock!“ Wenn du mi fraagst, dat is Stümpern, Kitten, Plomberen! Ene kumpleet niee schiere Asfaltdeek, dat fehlt. Letzt bün ik op so`ne niee Straat fohrt. Dat Geföhl kennt man gor nich mehr. Nix mit Gejökel in`t Auto, kene Knuffs un Buffs vun ünnen, nee, dien Rügg ward schoont, du kümmst herrlich rohig vöran. Un wenn mien Auto Geföhle un ne Stimm harr, harr dat juchheit un Loffgesäng anstimmt. De ole Schees mit ehre föfftein Johr op`n Puckel. Nix hett op de Superstreck klötert oder rasselt. Stille Straat! Ik müss ok nich as sünst ümmer dat Radio luter stellen. Leider kunn ik mien

Muul nich holen, heff dor överall vun swarmt. Güstern geev dat al `n Stau vör dat lütt Stück Prachtschossee.
Liekers, glööv dat oder glööv dat nich, de Autofohrers, de mi dor in de Mööt kemen harrn glückliche Gesichter. Liese Straat, glatt un schier: Wohlgeföhl!
Tja, nu hebbt uns Polikers dat wull endlich spitz kregen. Mien Schimpen hett wat nützt. Sluß mit Utbetern. Weg mit Schiller „Straßenschäden“. Wenn Lüüd sik wohlföhlt, ward de Stimmung in uns Land ok beter. Mag ween, dat höört sik nu `n beten dicknäsig an, aver villicht harrn se al lang mal op mi hören schullt – op een, de Bescheed weet. Ja, is doch wohr!

Google versteiht slecht

Över E-Mail, SMS, WhatsApp usw. hebbt jo vele wat to quarken. Vun Google ward sogor seggt: „Oppassen! Google höört, süht un versteiht allens.“ Dor heff ik miene Twiefel. Worüm? Jo, pass op: Letzt harrn wi wedder mal `ne bunte Ansichtskort in Breefkassen. Uns Frünnen sünd veel mit`n groot Passageerschipp ünnerwegens un wi kriegt denn Gröten ut vele Ecken op uns Eer, woans wi noch nich wesst sünd. Un so`ne Ansichtskort is nich blots `n Erinnerung an Tieden, as wi noch sülm Korten schreven hebbt. Nee, wi freut uns dor mehr an, as över E-Mail, SMS oder WhatsApp-Fotos, de jo geern mal in de Informatschoonsfloot ünnergaht, de Dag för Dag över uns rinbrekt. Wat mien Schatz un ik doot, wenn so`ne Kort mit Farvfoto un handschreven Gröten bi uns land?

Toeerst hen un her dreihen, studeern. Denn op uns Globus kieken, villicht bi Google fragen, wat dor över natolesen is. Un of wi dor ok mal henwüllt. Düt mal keem de Kort vun de Westindischen Inseln in de Karibik. Vun St.

Lucia. Wüssen wi nich veel över. Also: Google anklicken un „Saint Luscha“ in`t Mikro seggen. Aver Google verstünn toeerst „Sehr-Hübscher“ un bi`t Twetemal „Feuer-Löscher“. Noch `n Versöök besünners dütlich: „Inselstaat Saint Luscha“. Över de Google-Anter hebbt wi uns besünners freut, un de schöne, bunte Kort wannerte in uns Ansichtskorten-Sammelkarton. Tja! - Wat noch? Och so, wat Google verstahn hett? Nich Inselstaat Saint Luscha! Nee, „Inselstaat Saure Lutscher“!

Ik glööv, dor wüllt wi nich hen! Un heff ik nich Recht? Google versteiht lang nich allens!

Hawaiianisch

Mathias hett vun sien Hawaiiurlaub wat mitbröcht. Keen vun de hawaiitypischen Geschenken, nee, he hett mi `n Woort mitbröcht. En wunnerbor Woort! Op hawaiianisch. Un dat heff ik nu in`t Ohr un warr dat nich mehr los. Hett duert, bit ik dat utwennig kunn. Un nu wedderhool ik dat ümmer mal wedder. Eenfach so vör mi hen. Wieldat dat so fein klingt. Mien Schatz is al ganz nervös dorvun. „Mien Gott, kannst du ok noch mal wat anneres seggen!"

Dat Woort heet: humohumikuno-nu… Ohch… Schiet, wedder nich richtig! Noch mal: Humuhumunukunukuapua-a. Ja so heet dat. Würklich! Allens in en Stück! Hett doch wat, oder? Kannst di dat marken? Paß op, nochmal: Humuhumunukunukuapua-a!

Dor op stött sünd wi as Mathias uns sien Hawaii-Biller op`t Täblett wiesen dä. Wat för Farven! Dükert is he dor ok. Ünnerwateropnahmen, fantastisch! Un dor twischen weern ok Fotos vun – vun wat wull?

Kloor vun en Humuhumunukunukuapua-a, de

en Wohrteken vun den Bundesstaat Hawaii is. So steiht dat dor al lang in en Verordnung un siet 2006 hett de sogor Gesetzeskraft. Wat en Humuhumunukunukuapua-a is? Is en Diamant-Picassodrückerfisch. En Smuckstück! Un dorüm ok en Staatsfisch. Blots, wenn du versöchst, den schönen Namen to översetten, geiht de ganze hawaiiansche Romantik flöten. Denn heet he: „Drückerfisch mit en Muul as`n Swien. Nee, denn is mi de hawaiiansche Namen würklich lever. Wo güng de noch? Humuhumunukunukuapua-a. Na denn „Aloha!“

Urlaubsbekanntschop

Dat gifft schon mal `ne Urlaubsbekanntschop, de will man eenfach nich. Kennt ji „Der Schwarm“ vun Frank Schätzing? Jo kloor, lööp jo in Fernsehen. Ik heff dat Book leest. In den Thriller geiht dat üm Gefohr för de Minschheit dörch maritime Levensformen. Sowat vun spannend!
Aver hett nich mal en grote Philosoph seggt, de Würklichkeit is slimmer as de Realität. Oder so?
Urlaub in Süden. Ik will `ne bekannte Urlaubsregion nich slecht maken, dorüm behool ik för mi, op welk een Insel wi uns Aventüer beleevt hebbt. Blots soveel: Seungeheuer, Kalmar! Grusen! Wi wannert geern. As wi an en felsig un stöörmsch Küst ünnerwegens weern, harrn wi Ebb. So kunnen wi op de Felsen lang gahn, de sünst vun de groten Brekers överspöölt ward. Mien Fru marscheerte vör mi, möök `n langen Schreed, üm över en Waterspalt rövertopedden, dor passeerte dat. Ut dat Lock slängelt sik opmal en so`n halven Meter lange Krakenarm vun ünnen twüschen ehr Wanner-

schoh dörch un zappelt na baben. Ik bölk: „Pass op! Weg dor!“
Se: „Wat is denn los?“ Güng wieder, hett nix mitkregen. Ik, sowat vun verjagt, rööp beverig: „En Kraak! En Octopus! So`n Oschi! De wull di freten!“ Aver dat Monster weer al wedder blitzsnell in den Felsspalt afdükert. Nu wörr mien Schatz doch noch blass: „So`n Deert hett jo acht Arms!“ Ne ganze Stünn müssen wi uns vun den Schreck verpuusten! – Puh!
Weetst wat wi uns avends bi Jose bestellt hebbt? Grillten Octopus mit Knoblauch! Gegen den Schock! Buddel Wien dorto. Lecker!

Böker för de Insel

As ik lütt weer, spelten bi uns tohuus Böker `ne grote Rull. Böker to`n Gebordsdag, to Wiehnachten. Ümmer! Un vun uns Oma Hamburg, de sik bi een Dokterfamilie üm den Huushalt kümmerte, kregen wi vele Böker schickt, de dor de Kinner dörchlest un över harrn: „Heidi," „Tom Sawyer," „Schatzinsel," „Emil und die Detektive," „Onkel Tom`s Hütte" un mehr. Allens wat wi schenkt kregen, heff ik leest. Mien Schatz is dat as lütte Deern nich veel anners gahn. Wi weern un sünd Leesrotten! Un as wi nu so an`t Rümspinnen weern, vun wegen eensame Insel un wat för`n Book mitnehmen, hett dat kene 5 Minuten duert, dor harrn wi uns fastleggt. Nee, nich op een besünneren Booktitel, nee, uns Motivatschoon süht anners ut. Ok in ene ole Ehe gifft dat jo af un to Striet. Bi uns veel över Aventüer op uns Reisen: Mit`n Toog, mit`n Fleger un siet över 30 Johren mit Fohrrad sünd wi dörch ganz Europa nüdelt. Dat Strieden höört sik denn so an: „Weetst du noch in Spanien as wi veermal Platten harrn? „Nee, nee, fiefmal, un dat weer op uns twete Swedentour! - „Nix!!“ „Doch!“

Dormit dat Strieden nich leger ward, snell her mit uns Reis-Daagböker. Bald 3 Meter hebbt wi in de Regalen stahn. Fein sortiert. Jeden Dag opschreven. Dor kiekt wi denn na. Tomeist behöllt mien Schatz Recht! Un biet Stövern in de velen lütten Böker kaamt uns so bannig vele Beleevnissen wedder in Sinn. Bringt eenfach Spaaß! Wi sünd uns sowat vun enig, wi nehmt nich en Book mit, nee, uns 198 bunten Daagböker, de mütt mit op de eensame Insel. Mehr bruukt wi nich! Is dat nich schöön, to weten wat man bruukt?

Vadders lütt Gedicht

Vun Ringelnatz gifft dat en Gedicht, dat mien Vadder mi mal vörleest hett. Un dat ik al as Jung wunnerbor fünn. Un eerst an´t Enn vun den lütt Riemel is mi opgahn, worüm Vadder, de ölben Johr op See wesst is, sien Söhn sowat vörlesen dä. Geiht üm dat Lengen na Reisen, Feernweh. Dat Verlangen harr ik ok. Heff ik hüüt noch. Blots domals kunn ik dat noch nich ümsetten. Keen Geld, to jung. Weer sotoseggen in mien Dörp fastwussen. In dat Gedicht ward ene arme Plant beschreven, en Suerblatt, op hochdüütsch „ein Sauerampfer," de op`n Bahndamm twischen de Swellen wasst, dor nich wegkann un ümmer blots de Töög kamen un gahn süht. Un kene Schangs hett, mit so`ne Iesenbahn mal mittoföhrn. Fastwussen even!

Dütt wehmödig Gedicht hett mi mien Leven lang nich loslaten. Heff mi ümmer vörstellt, woans dat arme Kruut vun den Fohrtwind hochreten ward un stramm steiht, wenn en Toog vörbisust. Larm in de Ohren, Qualm un Stoff in de Ogen. Un villicht an de Minschen denkt, de in de Wagens op kommodige Sessel sitt, fein ut` Fenster kieken köönt un dat beter hebbt as so`n Suurblatt, dat faste Wöddeln hett un nich reisen kann.

Jo, in de Gedanken vun dat arme Kruut dor op`n Bahndamm kunn ik mi so schööön rinversetten. Hett mi Leed doon. Den gröttsten Indruck hebbt de letzten Wöör vun den Riemel op mi maakt. Ik segg se mal mit miene Wöör op Platt: Dat Suuerblatt arm un kleen, süht ümmer blots een Iesenbahn, hett nie een Damper sehn.
Jo, dor wüss ik, worüm Vadder mi dat vörleest hett.

En ehrlich Huut

As ik nülich mal wedder mit dat Löschen vun all de velen Whats-App-Text-Narichten un -Fotos togang weer, bün ik in`t Gruveln kamen.
Ofschoons vele sik bi`t Reisen in de letzte Tiet torüchhalen hebbt, bün ik liekers op `n Barg Gröten mit Urlaubs-Biller stött. Vun de Kanaren, Dom-Rep, Italien, Griechenland, Spanien, vun rund üm uns Globus.
Wehmödig – wieldat wi jo blots ene Week in Schwarzwald wannert sünd - keek ik mi allens vör`t Löschen noch mal an un dor wörr mi kloor, wat de Biller gemeensam hebbt. Ümmer spannt sik dor de Himmel in dat allerherrlichste Blau, de Natur is `ne Laadung Romantik, vun Massentourismus kene Spoor. De Wöör höört sik an, as wenn se all vun een eenzigen Schriever stammt. Wunnerbor hier! Wedder kann gor nich beter sien!
Ik bin seker, dat hebbt de Afsenner ok schreven, wenn daagelang en Regenschuur na`n annern op de Palmen rünnerprasselt.
Whats-App-Urlaubs-Biller, gruvel ik, sünd

wull nich blots nette Gröten. Nee, se hebbt `ne achtersinnige psychologische Bedüdung. Se schüllt bi de, de tohuus bleven sünd so`n ketteligen Nied utlösen. Un de Reputatschoon vun den Schriever opbetern.

To`n Sluß keem mi noch `ne anner Naricht ünner de Ogen. Ene roore Utnahm. Mien Fründ Mathias harr se schreven. Vun gor nich wiet her. Insel. Nordfreesland. Ünner en Foto mit swatte Wulken stünn dreemal dat sülbige Woort, mit Sch… Ümmer mit Utroopteken. En op hoochdüütsch al lang literarisch stuvenreines Woort. Aver op Platt is dat schöner. Wat he schreven harr? Schiet! Schiet! Schiet! Jo Mathias is en ehrlich Huut!

Ut de Pandemie-Tiet

Starke Wöör

Ik sammel starke Wöör. Is noch nich lang her, dor kemen mi twee an een Dag in de Mööt. Dat güng so: Mien Schatz un ik wullen uns klook maken, of wi uns noch dat föffte Mal gegen Corona impen laten mütt. „Mutt nich," hett de Dokter seggt: „De Gesettgever seggt, dat bi eenige Minschen, to`n Bispill - un nu kümmt en wichtig Woort – bi de „Hochbetagten" noch ene Impstoff-Dosis bavento sinnvull sien kann."
Hochbetagt? „Ja, un nu?" hebbt wi bedrüppelt fraagt „Wat fangt wi dormit an? Un he: „Kiekt se doch mal in Spegel! Hochbetagt? Nee! Un, kööönt se sik noch flink bewegen? Noch goot lopen, noch radfohren, un, un, un. Dor kunnen wi op al sien Fragen mit „Jo" antern! Wi hebbt smunzelt un uns bedankt. Jo, vun`t Öller her künn een uns jo – na ja - villicht - al to de Hochbetagten tellen. Eendoont, wi sünd gottloff noch ganz goot op Draht. Avends wullen wi uns na dat gode Gespreek wat günnen. In Kroog an Disch nevenan de

Lidmaten vun Spaarclub. Un wi glieks stolt vun uns Dokterbesöök vertellt. Vun wegen nich hochbetagt usw. Hebbt se stantepee, kloor wat sünst, över aflästert. Dat wi jo egentlich doch al dorto hööört un so. Wi denn suurn Aal bestellt. Superlecker, aver, oha, düer! Dat weer vör Corona noch anners! „Hebbt ji in Lotto wunnen?“ Wörr glieks spaßig vun nevenan fraagt. Un ener keem mit düssen Snack: „Nu weet wi,“ lacht he, „in wat för`n Liga wi ju insortieren mütt. Ji sünd nich blots hochbetagt, nee, as`t schient ok noch goot betucht!

Starke Wöör! Blots, stimmt beides nich! Aver wenn`t wieder nix is - dor köönt wi mit leven!

Dat Twischenminschliche

In de Coronatiet weer ik froh, wenn ik buten mal een to`n Sabbeln drööp. So as Gerd, de mit sien Jiffer Churchill ok op de Töövslang bi`n Bäcker tostüürte. Un he op Afstand: „Moin, lang nich sehn. Wat maakst du denn so?“ „Ik, jo wat maak ik? Ik maak mi Gedanken un laat mi dat, so goot dat geiht, goot gahn. Un denn sünd wi wull `ne veertel Stünn an`t Snacken wesst. Un dat weer dat, wat een in de verfluchte CoronaTiet so fehlt hett. Dat mitenanner Spreken! Sik eenfach mal uttuschen. Bit Gerd mi twischendörch so vun baben na ünnen munstern dä, scheef griente un schienhillig fröög: „Jo, irr ik mi? Kann dat sien, dat du `n beten breder worrn büst?“ „Nee, nee“, heff ik blots seggt. Sünst nix. Aver he lööt nich locker: „Wat wiggst du?“ „Wat ik weeg? Wat weet ik, wat ik weeg!“ He: „Man mutt sik doch mal wegen. Musst doch weten, wat du wiggst! Oder waagst du dat Wegen nich?“ Wedder sien schefe Blick. „Wat heet wagen? Woso schull ik dat Wegen nich wagen? Aver vun wegen dat Wegen wagen – ik heff nich mal `ne Waag!“

He wackelt mit sien witten Kopp: „Een mutt doch `ne Waag hebben!“ Ik: „Aver doch blots, wenn een sik wegen will! Un ik will mi doch gor nich wegen – un dat hett mit wagen oder nich wagen nu würklich nix to doon. Weetst Bescheed!“ Un so güng dat noch `ne Wiel wieder. Dor geiht doch nix över so`n kloken twischenminschlichen Snack. Weer echt wat weert in de verdammige Pandemietiet.

Goot meent

Dörch de Süük is jo ok enunenhalv Johr veles utfullen, wat een sünst so ünnernohmen hett. Theater, Lesungen, Reisen, Musik op ´ne Bühn anhören oder sülm wat vördregen usw.. Güng jo nich so as man dat wennt weer.
As ik de Nääs so richtig vull vun uns entönigen Afloop harr – mi fehlte de Afwesslung - un ik nich ümmer alleen an Schrievdisch sitten oder mi rund üm`t Huus Arbeid söken wull, harr ik de groodordige Idee, mien Fru binnen ünner de Arms to griepen:
To tweet de Wahnung reinmaken, ik mit `n Huulbessen dörch de Stuven susen, wenn se dor neven an´t Stoffwischen is. Veel angenehmer as alleen. Tosamen üm de Wäsch kümmern, Eier in de Pann hauen, kann ik ehr ok bi hölpen, Hemden bögeln un wat weet ik noch, wat so `ne Huusfru sünst allens alleen to erledigen hett. För nix weer ik mi to schaad. Kloor heff ik markt, dat mien Schatz vun mien Superidee – na ja – vörsichtig utdrückt, minner andoon weer. Aver dacht heff ik, se ward schon noch marken, wat för`n riesengrode Hölp ik bün.

Un bi gemeensame Arbeid vereensaamt een ok nich so licht. Hett `n Uul seten! Wat passeert? Nadem ik `n paar Daag neven ehr den perfekten Huusmann afgeven harr, weetst wat? Se hett mi künnigt! Fristlos! Worüm?
„Sünd ehr Hoheitsrebeden, is ehr to eng un dat ik nich den Dörchblick heff.“ Hett se würklich seggt!
Över Dag sitt ik nu wedder alleen in mien Arbeitsstuuv oder bün in Goorn togang. Dat mutt ik nu eerstmal verknusen.
Na, ja, verraden war ik ehr seker nich, dat ik heemlich doch bannig froh bün, dat düt Avendüer vörbi is. Tja, so mutt een sien Erfahrungen in swaare Tieten maken.

De kloke Fanny

Ik heff mi vörnohmen, nich mehr so veel vun fröher to vertellen. Aver letzt güng dat Quengeln bi uns Enkels wedder los. „Blots ene Geschicht, bitte, bitte!“ Ja ja, wat schasst maken. „Okay! Toeerst ene Geschicht vun ju. Denn gifft dat ok ene vun mi.“ De Deern hett nich lang överleggt un verraden, dat se letzt bi`n Riedünnerricht tweemal vun`t Peerd rutscht is un sik gräsig op`n Mors sett hett. Aver – lacht se – dat hört mit dorto. „Un nu vertell du!“ Gottloff is mi bi „Peerd“ wat infullen.

Mien Broder un ik harrn as Kinner `ne würklich bannig lütte Slaapkamer. Twee Betten, sünst nix. Achter de Wand weer de enge Stall vun Fanny.

Fanny, de ole Stuut, de den Bäckerwagen tröck, mit den uns Unkel över de Dörper kutscheerte üm Broot un Koken an de Kunnschapp to levern.

Harr he in en Kroog mal `n Beer to veel un slööp op`n Bock in, nich slimm. Se hett em un den Wagen seker na Huus bröcht.

Op wat wull ik nu rut? Och so, jo. Ut`n Slaap wörrn wi Jungs ümmer mal rutreten, wenn Fanny nachts mit de Achterbeen gegen de Wand ballerte. – weern jo Hoofiesen op! Denn hett de Bood wackelt! Wi hebbt uns dor wieder nix bi dacht. Dat hhöört so! Aver eenmal, wedder merrn in de Nacht, rumms, bumms, flögen `n poor Steen ut de Wand in uns Kamer op`n Footbodden. As de Stoff sik leggt hett, kunnen wi Fanny dörch dat Lock sehn un snuven hören. Gefüll uns goot. Aver uns Öllern nich. Vadder hett de Twischenwand rutkloppt, allens schick maakt un wi Jungs kregen nu `ne richtig grote Kinnerstuuv. Fanny tröck in een wunnerschöön nieen Stall üm. Un dor hebbt wi uns fraagt, of dat Peerd villicht wieder dacht hett as wi? Heet jo, man schall dat Denken de Peer överlaten.

Grimms Määrkens

Bi de Deerten güng`t vun Muul to Muul,
jedeen kann – is he nich fuul,
wat anners sien – hett friee Wahl:
Haas ward Kreih.... un Lööw ward Aal...
So`n Rullentuusch, de hett doch wat,
to`n Bispill ward een Muus to`n Katt,
un Korthals-Deerten köönt dat schaffen,
verwannelt sik mal in Giraffen.
Un en Wulf, de Ise Grimm,
sä to sien Fru: Hör to un nimm
mal an, ik warr een Mück,
un du mien bestes Stück.
Wi flögen dörch de Luft so snell,
un will en Jäger uns an`t Fell,
wörr he uns Stickel spören,
ok harrn wi Mückengöörn.
Freten söken – nich mehr swoor,
uns Leven weer so wunnerbor,
uns rekkt as dääglich Broot,
en lütte Drüppen Bloot.
Un wenn uns dat keen Spaaß mehr bringt,
un uns dat Mückenleven stinkt,
hebbt wi dat in de Hand,

maakt ut de Mück een Elefant.
Fru Grimm sinneert, of dat wull stimmt?
Of he mi op`n Arm nu nimmt?
Vull Twiefel denkt se: leve Fründ,
wenn dat man nich Grimms Määrkens sünd.

Vader snurrt nich mehr

Ik will mal vun uns olen Fründ vertellen. Vun Vader, uns Navers Kater. Swatt as de Düvel un al `n poor Johr op`n Puckel. Woveel, dat wüss al domals kener, as se em ünner de Motorhauf vun`t Auto opspört hebbt. Vader besöcht mi jeden Dag in Goorn. Kümmt he mal nich, maak ik mi Sorgen. He is sowat vun leeftallig. Un hett so`n fründlichen, verdreeglichen Charakter! Nich en eenzig Mal hett he mi kratzt. Nich mal, wenn he sik lang op`n Rügg leggen dä un ik em as dull den Buuk strakeln müss. Kennleernt hebbt wi uns, as he ümmer buten vör`n Goorntuun luert hett. Wörr he mi wies, is he op de Port ropp- un op uns Siet rünnerjumpt. Aver mit de Tiet wörr dat mit sien Springen weniger. To hooch för em. Ik heff in uns twee Goornporten ünnen `n Dörchgang rinsaagt. Un dor drückt he sik op`n Buuk platt dörch, söcht mi, streckt sien swatten Kopp vör un ik mutt em mit de Fuust düchtig anstupsen un dörchknuddeln. Denn lücht sien Ogen. Dat feine, liese Snurren, sowat vun kommodig! Wi beid slennert suutje tosamen dörch`n Goorn un snackt `n beten wat. He versteiht, wat ik segg un dat, wat he seggt, verstoh ik ok. Mien Schatz nöömt mi al Dr. Dooolittle. Wenn de Sünn lacht, söcht he sik `ne warme Eck un kiekt mi stünnenlang bi de Goornarbeid to. Jo, ik heff markt dat he mit de Johren langsamer wörr, stakkeriger, `n beten slanker, öller even. Wokeen kennt dat nich?

Un denn? He keem nich mehr. En poor Daag heff ik vull Höpen op em luert un mi denn bi uns Naver kunnig maakt. Uns ole Fründ Vader treckt nu in de ewigen Jagdgrünnen rüm. Wi sünd trurig.

Höhnerglück

Goorndwargen kööntkeen Eier leggen, nee, den ganzen Dag blots ünner ehr rode Tippelmütz dösig in de Welt kieken. Ik finn dat is to wenig.
Logisch denken, sogor Reken, un sik gegensietig plietsch rinleggen kannst bi de anmalten Toonspuchten utslüten. Aver Höhner, de kööntsowat allens! Jo, hebbt Forschers rutfunnen! Dorüm veel lever `n paar quicklebennige kloke Höhner in Goorn un üm`t Huus. Dat bringt nich blots lecker frische Eier, nee, ok noch Spaaß. Würklich! Höhner ward ünnerschätzt. Dat sünd kloke Deerten! Ik bün dormit opwussen! Höhner fodern, tosamen üm`t Huus gahn, miteenanner snacken, dat kenn ik goot. Heff as lütte Buttjer al spitz kregen, dat se wat Besünneres sünd. För mi steiht lang fast, dat „dusselige Heen“ nich stimmt. Uns Navers hebbt al `ne Wiel `n groten witten Hahn un veer smucke Heens. De kaamt nu so ganz sutje ok al mal na uns röver in Goorn. Fründschop? Aftöven. Ik gestoh aver ok, wenn de stolte Hahn mal wedder `ne Stünn

rümkreiht hett, dat ik doch mal schimp: „Dammi noch mal, nu hol doch endlich mal den Snavel du ole Casanova.“ Aver noch kiekt de Fief mi vörsichtig so vun de Siet mit en Oog an. Ik glööv aver, dat ward wat mit uns Fründschop.

Wokeen sik mit Leev üm sien Höhnerschoof kümmert, dat weet ik ut mien Kinnertiet, de maakt nich alleen de Höhner glücklich un klöker, nee, förwiss ok sik sülm. Ik nööm dat privates Höhnerglück!

To`n Sluß noch `ne urole Fraag an SE oder EM, de allens stüürt in uns Universum: Wat weer toeerst dor? Ei oder Heen?“

Wat höör ik för`n Anter?

„Du Döösbaddel, dat Ei !“

Aye aye, Käpt`n!   Wedder nich dumm to Bett!

Molto bene

Vun Autos harr ik noch nie veel Ahnung. As ik mi letzt mal för 5 Minuten bi uns Italiener an Beerdisch sett heff, ik müss op twee „Pizzen to go“ töven, seten dor ole Frünnen un weern över Luxuskarossen an`t Snacken. As Auto-Autodidakt kunn ik dor toeerst nich veel to bidregen. Heff tohöört. Aver, as ik op `ne Fraag sä: “Jo, `n Cabrio harr ik ok mal,“ hebbt se all interesseert hochkeken un nafraagt: „Du“? Jo, dat wullen se mi nich glöven. Ik en Autofan? Nee, passt nich!
Ik harr keen Tiet to`n Verklaren. Miene Pizzen weern fardig un ik müss tosehn dat ik na Huus keem. Heff noch ropen: „Jo is würklich wohr! Över mien Schrievdisch hangt al 50 Johr `n Foto, dor stoh ik stolt achter`t Stüür, kiek lässig baben ut dat Faltdack vun mien rote Cabriolimousine un föhr in Stahn! Ik bring dat Bild mal mit. Versproken!“ Un dat heff ik doon. Se harrn wull mit mehr Luxus rekent. Egal, wi hebbt uns över den „Tempomat“ freut, den mien Caprio al harr: Jo, Handgas!

Dörch `n Feldweg achter uns Dörp bün ik ümmer in Stahn fört, Handgas even. Wat `n Spaaß, du! Jo, köfft heff ik dat bruukte Smuckstück domals för 380 Mark! Schnäppchen! Wat dat för`n Modell weer? Cabriolimousine hebbt wi ümmer seggt! Luigi, de italiensche Kellner keek op dat Foto un wüss glieks Bescheed: „Oh, i vecci Cinquecento – der alte Fünfhunnderter! Molto bene!"
Jo, so hett uns knallrode kugelige Pööks mit Faltdack, Teddybär-Snuut un nüüdliche Knoopogen na so vele Johren noch mal för `n lustigen Avend sorgt. Schöön is dat wesst!

Över dat Vörutsehn

„De kloke Meister Kong weer sien Tiet wiet vörut.“ So füng mien Fründ Bruno unvermodens sien Sermon an uns Goorntuun an. He prahlt so geern mit sien „En-Semester-Philosophie“. Vun düssen Meister harr ik noch nie höört. Heff ik Bruno aver nich verraden. Sünst lästert he wedder, dat ik sowieso veel to wenig weet. Naja, ik harr - glööv ik – noch `n Termin, müss weg. Ehrlich seggt, tofreden weer ik nich mit mi. Un wenn een nich tofreden is, dat drifft jo an. Wull ik jo mehr över weten. Snell rin in mien Arbeidsstuuv, Böker her, Google fragen. Kiek an, hochinteressant! Mit Meister Kong is de Philosoph Konfuzius meent. Harr Bruno dat nich glieks seggen kunnt? Ole Opsnieder! Kloor wüss ik, dat Konfuzius lang vör Christus leevt hett. Un nu keem ik gor nich los vun siene velen kloken, minschenfründlichen Grundsätz un Snacks. Heff mi dor twee lange Daag vull rinkneet, veel lehrt. En schöön Geföhl ümmer mehr Weten aftospiekern! Vun wegen ik weet to wenig! So wat treckt mi rünner! Aver as ik denn lesen dä, dat Konfuzius seggt hett: „Dummheit bedüüd nich, wenig to weten. Dummheit is glöven, dat man noog weet,“ weer miene Welt wedder in Ornung! Böker weg, Googel ut, un vull mit nieen Swung torüch in Goorn.

Wat passeert? Ik stolter över so`n groten Mullwarpsbarg un fall op de Snuut. Un of du dat nu glöövst or nich, weetst du wat Meister Kong ok seggt hett: „Minschen stoltert nich över Bargen, sünnern över Wullwarpshümpel.“ Bruno hett Recht, man weet jo nich, wat so`n kloke Philosoph villicht al vör 2500 Johren allens vörut sehn hett, oder?

De kloke Hans

„Dat Denken överlaat man de Peer!“ Kennt man! Aver hesst du al mal wat vun den Kloke-Hans-Effekt höört? Nich? Ik ok nich. Heff ik meent - stimmt aver nich. Nu heff ik dorvun wat in`t Blatt leest. Un vun ganz achtern in Kopp keem Erinnern hoch. Kloke Hans, kloke Hans… dor weer doch mal wat. Dor hett Vadder doch vun vertellt. He harr de Geschicht vun sien Opa. Un hett se uns Kinner wiedervertellt.

Nu heff ik dat ok wedder paraat! Jo, de kloke Hans weer en Peerd, dat reken kunn. Würklich! Op `ne Tafel wörrn Hans Reken-opgaven stellt un he hett ümmer dörch Nicken, Koppschüddeln un Hoofslagen de richtige Anter geven.

Nu, so vele Johren later, heff ik mi klook maakt. Den kloken Hans geev dat würklich. Vör över 100 Johren wörr sogor `ne Kommission vun Wetenschopler insett, üm de Saak op`n Grund to gahn un of dor Bedrögerie bi is. Nee, weer nich de Fall.

Rutfunnen hebbt de Fachlüüd, dat de Fragen-

steller, egal wokeen dat weer, de Anter jo ümmer wüss. Un vör dat korrekte Nicken, Koppschüddeln oder Hoofkloppen, ahn dat to marken, ene anspannte Haltung innöhm. Un doran hett dat Peerd markt, wannehr de richtige Anter kamen schull.
De kloke Hans harr mit Mathematik natürlich nix an Hoot, kunn aver feinste Teken in Gesichtsutdruck un Körperspraak richtig düden. So güng de „Kloke-Hans-Effekt“ in de Wetenschopsgeschicht in. Musst mal googeln! Vun wegen, dat Denken överlaat man de Peer. Egentlich müss dat heten: De Peer sünd fienföhliger as de Minsch! Wörr mi ok veel beter gefallen.

Pinzetten un Rosinen

Ganz fröher hett en oles Määrken „König Kuschelboort“ heten. Aver dat hett sik later ännert. Worüm, dat hett mi letzt `n geheemnisvulle ole Mann vertellt, den ik bi`t Spazeerngahn in`t Holt dropen heff. En schedderigen grönen Hoot op`n Kopp, lange Ledderstevel an, roden, fein sneden Vullboort, fründlich Ogen. Sehg ut, as ut de Tiet fullen. Bleev stahn un wi sünd in`t Snacken kamen. Toeerst över`t Schietwedder un dat een ümmer öller ward. So kemen wi op ole Tieden.
„Kennst du ole Määrkens?“ fröög he. „Kloor,“ sä ik stolt, „över Sneewittchen, Rotkäppchen, Rumpelstilzchen un so weet ik Bescheed.“ He keek raatlos. „Un dat Määrken vun „König Kuschelboort?“ „Nee, dat kenn ik nich.“ „Willst dat hören? Is kort“ „Jo, geern, vertell.“ „Jo, höör to,“ füng he an, „Gor nich wiet weg vun hier, dor achtern, mang de Bargen,“ wiest he mit beid Hannen, „dor stünn mal en wunnerschöön Slott. Dusend Kamern, feine Stuven, vele spitze Toorns. Dor levte en liedsam König mit sien smucke Fru un dree

lütte, nüdlich Döchter." He möök `ne Paus to`n Nadenken, strakelt sik den Boort. „Sien Volk nöömte em König Kuschelboort, wieldat sien rode Boort so lang rünnerhüng, so breet un so week wussen weer, dat de dree söten Deerns, wenn he baben op`n Thron seet, in dat Hoorgewusel op`n Footbodden mit ehr Holtpoppen, Versteken un Ticker spelen kunnen. Mag sien, ik heff den Olen nu so`n beten twiefelnd ankeken. „Schall ik wieder snacken?" „Jo man to," heff ik snell ropen. „Mi interesseert so wat bannig." Un he wieder: „Besünners hett de Deerns Spaaß maakt, dorför to sorgen, dat Vadders Boort ümmer schöön schier un pleegt bleev. Broodkrömel un anner vun`t hoheitliche Eten daalfullen Naschrappels müssen jo ut de Haar rutpult un opfegt warrn. Dorför harrn de Döchter feines Warktüüg ut de königliche Schatzkamer to Hand: Ene Handuul mit Siedenborsten, `n Pozlaanschüffel un dat Allerwichtigste womit se ok an Levsten togang weern: Jede Deern harr för dat Aftucken vun de in de Haar fastbackten Resten ene sülverne mit Eddelsteen besette grote Pinzett. Un wenn de flietigen Mäkens vun`t Spelen un Pulen mit de Pinzetten mööd weern, hebbt se sik twischen Vadders wekes Boorthaar kommodig inkuschelt un dröömt. De goldsmückten Betten in de saalgroten königlichen dree Kinnerstuven bleven mehrstendeels leddig. De Deerns, Rosina, Rosine un Rosana wörrn in`t Königriek bald blots noch de dree söten Rosinen nöömt. Se wörrn öller un klöker un dat weer nich mehr schicklich in den kuscheligen Königsboort to spelen un mit Pinzetten rümtokleien. Se harrn jo ok lang spitz kregen, dat se as Prinzessinnen in`t Königriek as wat Besünneres ansehn wörrn. Dat weer de Dree aver nich na de Mütz. Vun al dat vörnehme Gewees wullen se nix weten. Nee, se hebbt sik dor över argert. Un Arger weer so gor nix för de fröhlichen Süstern. Alleen de Anreed „Prinzessin“ – wat säen se, „Passt nich mehr in de Tiet.“ Nee, ik will bi de Wohrheit blieven,“ grient he, „se hebbt seggt: „Dor kööönt wi op vertichen. Dat find wi eenfach doof!“

De Ole möök `ne Paus, slööt de Ogen un eerstmal snackte he nich wieder. „Vertell doch bitte wieder,“ heff ik em opfordert. „Oh, Pardon rööp he. „Ik bün so`n beten in`t Gruveln kamen.

Geiht wieder: Un üm dat schöne Torüchkieken op Kinnertiet, dat Erinnern an dat Pulen un Tucken mit de Pinzetten in Vadders kommodigen Kuschelboort ümmer mal optofrischen, hebbt de Deerns sik `n Spijöök utdacht. Wörrn se mit „Prinzessin“ ansnackt, hebbt se dat glieks verbetert: „Wi sünd de dree Pinzetten,“ hebbt se lacht!“ Un na un na keem so för de dree Damen de Anreed „Pinzette“ ümmer mehr in Mood. Prinzessin hett bald keeneen mehr seggt. Un ehr Vadder, de König, de stolt op sien dree krallen un keen beten hochnesigen Kuscheldöchter weer, hett beslaten, dat dat op all tokümstig Tieten so blieven schall. Düsse Anreed för Königsdöchter wörr in sien Riek vörschreven. Pinzette! Un de Lüüd hebbt sik mit veel Spaaß doran holen. De jungen Damen weern glücklich!

Un,“ smunzelt de geheemnisvulle Verteller, hoolt deep Luft un plinkert mi to, „villicht leevt se hüüt noch in dat eenzig Land op uns Eer, in dat Königsdöchter nich Prinzessin sünnern Pinzette nöömt ward. Un dat Määrken „König Kuschelboort“ heet siet de Tiet „Vun Pinzetten un Rosinen.“ Na, heff ik so dacht, Hett he düsse Tieden villicht sogor sülm beleevt? Bi Määrkens is jo afsluut nix uttoslüten.

„Nu,“ sä he achtersinnig, „Nu kunn ik düsse Geschicht na lange, lange Tiet endlich mal een vertellen.“ Ik keek em twiefelnd an. „Villicht,“ sä he noch, „villicht kannst du se jo op-schrieven.

Of se würklich passeert is,“ tuckt he de Schullern, „deit mi leed, bewiesen kann ik di dat nich. Aver, glööv mi, üm nich wohr to sien, dorför is se to schöön.“ Ik harr nu `n Barg Fragen op de Tung un wull losleggen. Aver he füng al bi sien letzten Wöör mit de Hand dat Winken an un …husch… weer he achter de groten Bööm vun den düster Woold verswunnen. Weddersehn heff ik em nich. Aver siene Wörr, de heff ik hier nu op-schreven.

De ole Klang

Ik över moderne Technik schimpen? För wiss nich! Nee, wi hebbt `n Barg Radios in uns Huus. Tweeuntwintig! Würklich! Aver neven de modernen ok ole Apparaten. Speelt noch. Heff ik mi as lütte Buttjer al för interesseert, as in uns Dörp in de een un anner Stuuv noch een Volksempfänger stünn. Radiobasteln weer domals mien Hobby. Een eenfachen Empfänger för Middelwelle heff ik ut `ne Drahtspuul, en Kristall-Detektor un `n poor Meter Antennendraht tosamenlööt. Mit Vadders klobigen Lötkolben. Strom to`n Rundfunk hören? Nich nödig. Un de ole Lötkolben wörr in`t Füür hitt maakt. Jo, Füer un Flamm weer ik, wenn ut de Kopphörers de eersten liesen Töön rutkemen. Worüm vertell ik dat? Wieldat ik ümmer, wenn ik de Stereo-Anlaag in`t Huus, in`t Auto, PC, smartphone usw. inschalt – Internetradio, DAB+, bluetooth, WLAN, HiFi un wat weet ik noch allens - dor an denken mutt, wo slicht dat för mi mal anfüng.
Un dat uns Leven ümmer mehr vun Technik, aver ok vun allerlei Snicksnack prägt ward.

Ümmer beter, ümmer sneller, ümmer lütter un handlicher. Fortschritt even! Man fröher kunn een veles sülm repareren. De Tieden sünd vörbi. Hüüt heet dat to oft: Wegsmieten, beteres nie köpen. Deit mi so`n beten weh. Nich dat ik wat gegen dat technische Vörankamen heff, nee!

Blots gegen so`n zoort Geföhl vun Wehmoot kann ik mi, ehrlich seggt, nich wehren. Wenn ik `n Rundgang dörch`t Huus maak, so`n olen Radioapparat inschalt, dat „Magische Oog" so kommodig gröön lüchten seh, un op den Klang vun fröher lüster, vergeet ik geern mal de Tiet. Kannst dat verstahn?

Kuum to glöven

Dat Thema „Fotos maken fröher“ harrn wi snell bi de Wull, as wi mit de Kinner de olen Billeralben bekeken.
Un de Lütten wullen, wat wi doröver säen, nich so recht glöven. „Das sind doch Määrkens.“
Tjaha, mien Schatz un ik stammt noch ut de letzte Tiet vun de Swatt-Witt-Fotos. Beid harrn wi as eersten Fotoapparat so`ne swatte Agfa-Box, de man vör`n Buuk holen müss. Vun baben rinkieken, still holen un… Klack. Toeerst noch Rollfilme mit 8 Biller, later al 16. Hesst ümmer lang nadacht, of dat neegst Foto würklich nödig is. Achtern an de Box en lütt rodes Finster. Kunnst de Bildnummer aflesen. Denn an`t Transportrad dreihen, bit dor de neegst Tall keem. Un denn de Weken de een kuum aftöven kunn, bit de Biller „entwickelt“ weern. Wat weer man dor spannt op!
Un mit `n Fotokassen telefoneren, op so`ne Ideen is domals ganz bestimmt noch keeneen kamen. Hüüt ward in Alldag to`n „knipsen“ - so hett dat fröher heten - dat Handy nahmen.

Maakt wi ok so. De bunten Biller glieks ankieken, wieder schicken, bearbeiden un wat weet ik noch allens. Ümmer aktuell! Harr uns dat fröher ener vörutseggt, dat harrn wi ok nich glöövt. Harrn ok seggt: „Dat sünd doch Määrkens“

Aver allens entwickelt sik wieder un wi wüllt ok geern bi all dat Niee mitmaken.

Nu mutt, wat de kloken Forschers uns för de Tokumst so utmalt, jo ok nich allens stimmen. So as de Kinner dat Vergahne antwiefelt. Villicht ok Tüünkraam? So as dat ole Määrken vun den Wulf, de `ne Grootmodder un sogor noch `ne Deern mit `ne rode Mütz fritt. Dat glöövt jo ok keeneen!

Biller in Kopp

En Jung kiekt bi Grootvadder feern,
un Opa, de vertellt:
„domals – as wi Meister weern,
vun de ganze Welt!
Vör över sösstig Johren, as Jung
heff ik vör`n Rundfunk seten,
dat Endspeel brüng uns Land in Swung,
dat warr ik nie vergeten!
In uns Stuuv mit Möh un Noot,
harrn wi knapp Stöhl noog,
vun`t Radio op de ool Komood
lücht gröön dat magisch Oog.
De Olen seten bi een Beer,
un hebbt de Dumens drückt,
wi Kinner wippern hen un her,
vör Spannung half verrückt.
Un denn, denn schööt Boß Rahn sien Door,
Gott ja – he harr`t verdeent.
Ik heff dat Bölken noch in`t Ohr,
un Unkel Kurt hett weent.
„Wat," seggt de Lütt, „ji hebbt dat hööort?
Un nix weer dor to sehn?
Hett ju dat denn nich bannig stört,
keen Bild - blots Wöör alleen?"

„Glööv mi mien Jung, to düsse Tiet,
ik weet, ji stoht dor nich so op,
harrn all de Minschen breet un wiet
de Biller noch in Kopp!“

To`n Sluß

Wiehnachtseten

Dat begeev sik in ole Tieten: Mien Broder un ik noch lütt, as en Johr mal nich blots Wiehnachten vör de Döör stünn, sünnern ok Vadder mit `n Karpen. In en vullen Water-emmer spaddelte de rüm. En grote Wieh-nachstkarpen, Festeten för Hilligavend. Mod-der hett sik böös tosamenreten, liekers kunnen wi ehr den Schreck anmarken. Karpen slach-ten! Oha! Uns Oma Hamborg, de mit so wat Bescheed wüss, harr sik jo eerst för Hillig-avend anmeld. So keem uns lecker Braden eerstmal in de Zinkwann mit Frisch-water un stünn in de Kööк in de Eck. Sotoseggen op Afroop. Dor swümm he toeerst munter rüm. Kloor wüssen wi, wat em blöhte. Liekers, oder villicht ok graad dorüm hebbt wi uns ´n beten üm em kümmert. Mal heemlich `n poor Broot-krömel rin, so hebbt wi uns mit em anfründ. Karpi hebbt wi em nöömt. De Öllern an-beddelt: „Bitte, laat em doch noch bit Sil-vester. Dor passt Karpen ok veel beter.“ So! De Tiet lööp un övermorgen schull Oma anreisen un in de Köök dat blödig Geschäft övernehmen. Wat möök de Fisch? He dwallerte ümmer slaapriger dörch de Wann, dreihte al mal den Buuk na baven un tja, duerte nich mehr lang, dor weer he in Fischheven. Mien Broder, dree Johr öller, hett sik nix anmarken laten, ik heff bitterlich blarrt. Köhlschapp harrn wi domals nich, also wörr Karpi in en Karton leggt un kreeg an Hilligavend `ne feine Beerdigungsfier in uns Goorn. Oma, de uns begöschen wull, hett `n poor wunnerschöne Wöör dorto spraken un avends geev dat … Kantüffelsalaat un Knackwuss.